# A Sombra do Objeto

*Sobre a inatualidade da psicanálise*

## ERUDIÇÃO & PRAZER

Hegel e a Arte
*Gérard Bras*

Dioniso a Céu Aberto
*Marcel Detienne*

Palavra e Verdade
na filosofia antiga e na psicanálise
*Luiz Alfredo Garcia-Roza*

O "Zaratustra" de Nietzsche
*Pierre Héber-Suffrin*

A Morte dos Deuses
*Michel Henry*

As "Teses sobre Feuerbach"
de Karl Marx
*Georges Labica*

Maneiras Trágicas
de Matar uma Mulher
*Nicole Loraux*

A Vida na Grécia Clássica
*Jean-Jacques Maffre*

A Sombra do Objeto
*Marie Moscovici*

O Processo de Sócrates
*Claude Mossé*

O Pano do Diabo
*Michel Pastoureau*

A Força de Atração
*J.-B. Pontalis*

A Morte nos Olhos
*Jean-Pierre Vernant*

A Sombra do Objeto
*Marie Moscovici*

Marie Moscovici

# A Sombra do Objeto

*Sobre a inatualidade da psicanálise*

*Tradução:*
**Lucy Magalhães**

*Revisão técnica:*
**Marco Antonio Coutinho**

**Jorge Zahar Editor**
Rio de Janeiro

Título original:
*L'ombre de l'object (Sur l'inactualité de la psychanalyse)*

Tradução autorizada da primeira edição francesa publicada em 1990 por Éditions du Seuil, de Paris, França, na coleção La Librairie du XX$^{e}$ Siècle


Jorge Zahar Editor Ltda.
rua México 31 sobreloja
20031-144 Rio de Janeiro, RJ
Tel: (021) 240-0226 / Fax: (021) 262-5123



[Edição para o Brasil]

Editoração eletrônica: TopTextos Edições Gráficas Ltda.
Impressão: Tavares e Tristão Ltda.

ISBN: 2-02-011473-9 (ed. orig.)
ISBN: 85-7110-234-1 (JZE, RJ)

CIP-Brasil. Catalogação-na-fonte
Sindicato Nacional dos Editores de Livros, RJ.

Moscovici, Marie
M867s A sombra do objeto: sobre a inatualidade da psicanálise / Marie Moscovici; tradução Lucy Magalhães; revisão técnica, Marco Antonio Coutinho. — Rio de Janeiro: Jorge Zahar Ed., 1994.
(Erudição e prazer)

Tradução de: L'ombre de l'object (Sur l'inaetualité de la psychanalyse).
Contém dados biográficos
ISBN 85-7110-234-1

1. Psicanálise. I. Título. II. Série.
CDD — 150.195
94-1187 CDU — 159.964.2

# Sumário

*Numa figura, procure a grande luz e a grande sombra; o resto virá naturalmente, e muitas vezes é pouca coisa. Cultive também a memória, pois a natureza nunca dá mais do que informações.*

Édouard Manet
Carta a Georges Jeanniot
1882

*Para Patrick Lacoste, Nicole Loraux, Jean-Michel Rey, companheiros do grupo de pesquisa "O psíquico e o cultural", da* Maison des sciences de l'homme. *E para Clemens Heller, com gratidão.*

*Numa figura, procure a grande luz e a grande sombra; o resto virá naturalmente, e muitas vezes é pouca coisa. Cultive também a memória, pois a natureza nunca dá mais do que informações.*

ÉDOUARD MANET
*Lettre à Georges Jeanniot*
1882

# Ir contra

*O pensamento é uma certa dificuldade de execução; aproveite-se disso para fazer algumas frases.*

PATRICE LORAUX*

Quanto mais se publicam textos psicanalíticos, mais a "opinião" se compraz em sublinhar — sobretudo quando se trata de escritos teóricos — até que ponto a psicanálise está realmente "inatual". Não no sentido fundamental em que Lacan escrevia: "um certo momento da história do homem", mas um episódio da produção intelectual que mal teria durado cem anos. Não sem deixar algumas conseqüências, é claro — e note-se de que natureza são as conseqüências que parecem, aos comentaristas, dignas ou indignas de serem levadas em consideração — mas, de modo geral, é ela um *corpus* ultrapassado ou que se deve ultrapassar, depois de saudá-lo rapidamente de passagem. Assim, quase sempre é de bom gosto, nos círculos em que as pessoas pensam, inclusive em boa parte dos meios psicanalíticos, considerar, com ou sem aflição, que a psicanálise, especialmente em sua modalidade freudiana, está em declínio. A mídia é o

* In "Une phrase risquée", *L'Ecrit du temps*, nº 18: *Mouvements de pensée*, Minuit, outono de 1988, p. 122.

lugar mais visível desse diagnóstico, e acusá-la também faz parte dos hábitos do momento. Entretanto, não se deve excluir a hipótese de que ela seria no caso, como acontece geralmente, apenas uma caixa de ressonância, que discerne e propaga o que ocorre e circula entre os próprios psicanalistas, artesãos ou cúmplices do seu próprio descrédito. Mas não se trata de acusar, e sim talvez de tentar definir o que, da própria psicanálise, do seu objeto, de suas conseqüências, tem algo a ver com o que acontece com esse pensamento, com sua prática e seus efeitos.

Diante desse declínio tão taxativa e pejorativamente enfatizado na maioria dos casos, alguns profissionais se inclinam a adotar medidas deliberada ou espontaneamente oportunistas: "correções" da doutrina fundamental, adaptações facilitadoras da técnica, simplificações "comunicacionais" dos escritos, negociações complacentes com outras disciplinas do pensamento — ginástica que faz baixar a cabeça e que não deve ser confundida com as dúvidas e os avanços inerentes à própria psicanálise. Quanto a mim, sinto-me tentada a adotar, para a psicanálise, esse qualificativo de "inatual", com a condição de atribuir a essa palavra o sentido que lhe dava Nietzsche, o que implica que esse pensamento e os fenômenos de que ele trata nada têm a ver com nenhuma "atualidade", qualquer que ela seja. E talvez a teoria do inconsciente — lugar e objeto do inatual como nenhum outro — mereça mais do que nenhuma outra teoria ser assim definida. Inscrito na história o pensamento psicanalítico evidentemente está; num dos momentos decisivos da história em curso da vida do espírito humano, no sentido em que terá mudado a própria concepção do que pode ser esse espírito. Momento certamente transitório, como todos os momentos do conhecimento destinados a serem incorporados à formação de outras modalidades do pensamento, por sua vez destinadas a surgir ou já surgidas sem que o saibamos ainda. Momento cuja existência temporal não se define nem por seu sucesso nem por seu fracasso, como estes seriam observáveis na "atualidade".

Assim, proponho que se leve a sério, como fez Freud, a história da vida do espírito e o lugar que nela ocupa, duplamente, a psicanálise: ao mesmo tempo constituindo nela uma etapa crucial e tomando essa história como objeto. Mas, também como Freud, convém talvez incluir nesse programa um olhar sem ilusão sobre as conquistas do espírito, sobre a auto-satisfação dos homens a esse respeito — e sobre as "vitórias" da psicanálise. Assim, o "conquistador" escrevia ao pastor Pfister, a 7 de fevereiro de 1930: "Posso imaginar que há alguns milhões de anos [...] todos os grandes sáurios estavam muito orgulhosos do desenvolvimento da espécie dos sáurios e sabe Deus com que grandioso futuro sonhavam! Depois, eles se extinguiram, exceto o infeliz crocodilo [...]" E quanto ao ser humano, que tem como apanágio o espírito, prossegue: "Sem dúvida, o espírito é algo muito particular; sabemos tão pouco sobre ele e sobre as suas relações com a natureza. Tenho muito respeito para com o espírito.

mas a natureza também o tem? Em suma, ele é apenas um pedaço dela, e o resto parece viver muito bem sem esse pedaço. Será que ela teria mesmo tanta consideração pelo espírito?"[1] Em algumas frases não-teóricas, em algumas palavras de uma carta, Freud manifesta a sua preocupação com a "natureza" e a sua preocupação — constante — com a espécie. Dimensões axiais da sua psicanálise, que voltaremos a encontrar.

Que exista na psicanálise — nos próprios objetos da sua descoberta e do seu trabalho, na sua conduta de constante desprendimento desses objetos ao recalque incessante que eles sofrem, de certa forma por definição — algo difícil de manter continuamente, algo que tende sempre a ser esquecido ou a se abastardar, isso nos é indicado já nos textos fundadores, e certamente não há psicanalista nem paciente que não o encontre, por sua própria conta e por sua vez. Por conseguinte, há uma dificuldade suplementar quando se trata de falar ou escrever sobre isso, ao mesmo tempo talvez que o falado ou o escrito, a construção "científica" com sua parte de ficção, são aqui e ali saídas laterais ou vias de respiração necessárias. Lembre-se que a perspicaz Lou Andreas-Salomé sublinhara, escrevendo a Freud, até que ponto, ao inventar a psicanálise, mergulhando psiquicamente nesse universo obscuro e resistente, ele avançara "contra a sua natureza". Mas ele mesmo, em seus escritos mais "esclarecedores", fornecera com simplicidade algumas indicações. Por exemplo, já no texto sobre "A etiologia da histeria", de certa forma pré-psicanalítico, em 1896, momento da descoberta, a menção, sem nenhuma estratégia diplomática, do fato de que a tomada em consideração do fator sexual nessa etiologia não provinha, nele, de nenhuma opinião preconcebida. Faz ele então a confissão da "*aversão* pessoal" que, como aos seus mestres Breuer e Charcot, esse aspecto lhe inspirara inicialmente. Que essa descoberta feita por ele tenha sido ligada, se não a uma idéia pré-concebida, ao menos a uma curiosidade secreta, sem dúvida, muito viva, pelas coisas sexuais, não diminui exatamente em nada a força da aversão — a extrema proximidade do gosto e da repulsa fazendo parte, nesse domínio, da paisagem. Mais tarde, no texto "Formulações sobre os dois princípios do funcionamento mental", observará que é com grande *repugnância* que os estudiosos, entre os quais ele próprio, se habituam aos processos inconscientes. Haveria, nessa direção, muitas outras citações possíveis, com palavras reveladoras da dificuldade de superar o obstáculo para quem foi justamente o primeiro a fazê-lo.

A resposta do estudioso, do psicanalista, do paciente, de Freud, se quiserem ser e continuar sendo esse investigador, está então em outras fórmulas muito comuns, mas sempre necessárias, que marcam cada novo passo da trajetória. Principalmente em certos temas, e muito particularmente quando se trata de ir mais longe na observação da persistência das experiências arcaicas mais loucas, mais recuadas, encontram-se em Freud fórmulas como "é uma *audácia* que não podemos evitar" (Em "Moisés e o monoteísmo"), ou então "não se pode mais recuar, é preciso arriscar a *prova*" (em "O ego e o id"). Maneiras de falar de aparência banal, mas que, na vida do texto, mostram, de um lado, a resistência, a contenção, a inibição; do outro, a violência usada contra o império da inclinação "natural": *ir contra* é então a força que tenta vencê-la, e que por sua vez se exerce como uma coação. A coação de pensar (o *Denkzwang*) — e precisamente nos objetos "impensáveis", naqueles que inspiram repulsa, e que são os mesmos que constituem obstáculo para o pensamento — é a coação à qual se submetia Freud ao inventar a psicanálise.

Esse "ir contra", esse "chocar-se com", essa subida contrária à sua própria inclinação, esses movimentos de avanço, que devem permanentemente ganhar terreno sobre os seus próprios recuos e suas próprias derrotas, permaneceram ligados, creio eu, à psicanálise, seja do lado do divã seja do lado da poltrona, tanto na prática quanto no pensamento. Trajetória que evoca, na ordem da "natureza", a de um herói desconhecido do mundo animal, o salmão, quando, na época da desova, sobe o curso d'água contra a corrente, em direção à nascente. Trajetória fascinante, que fez com que as mitologias de diversas populações "primitivas" imortalizassem o animal sob formas semi-humanas, modelo paradigmático de seus próprios paradoxos. Associação indubitavelmente insólita: entretanto, quem viu o salmão dar saltos, impossíveis mas realizados, em sentido inverso à queda das cascatas, nadar por momentos fora da água, em esforços insensatos que se transformam em incríveis vôos no ar, não consegue esquecer o fenômeno a que assistiu, nem o que este lhe sugere. E tudo isso está implacavelmente previsto no programa da espécie, tanto quanto a inclinação "natural".

Certamente, Lacan não via o psicanalista sob os traços de um modesto salmão, mas talvez ele tivesse no espírito uma contracorrente do mesmo gênero, quando escrevia esta frase enigmática, quase final: "O psicanalista tem horror do seu ato." Isso também é verdade, sem dramatização, na vida cotidiana, quanto ao que o pensamento realiza contra a pulsão (*Trieb*), que no entanto é a sua fonte, a exposição escrita ou falada contra a inibição ou a fobia, a civilização contra a selvageria nativa — a palavra contra o silêncio. Um "contra" muito estranho, pois, como para o salmão, o desprendimento, a subida, o recuo para a "nascente" estão igualmente inscritos, para nós, na aventura instintual e suas obrigações, tanto quanto a obediência à maior inclinação. No registro psíquico, é um dado da psicanálise, que integra o seu método. O desejo e a repulsa, decididamente, se tocam, como o trabalho e a preguiça, a vida e a pulsão de morte.

Não é pois surpreendente que construções inteiras da psicanálise, a teoria do inconsciente, da sexualidade e do recalque, tão oficialmente admitidas em nossos dias, tendam a se recalcar ou a se alterar. O apagamento não é o destino das más notícias ou das más lembranças — ou simplesmente das lembranças? A recusa se faz à medida do seu objeto: às vezes sentimos a tentação de pensar que é de si mesma que a psicanálise tem horror.

Seria necessário poder examinar como tudo isso funciona até a idéia e a uma certa materialização do "declínio", sem ficar nas generalidades, penetrando na especificidade do que atinge a psicanálise, em seu mal-estar próprio. Lembrando à memória as observações sempre "atuais" feitas a Freud por Lou Andreas-Salomé, que não pertencia à nossa época, reputada aos olhos de alguns como sendo a do "fim", mas, ao contrário, ao período fundador: "[...] levanta-se a questão de saber até que ponto o objeto de suas pesquisas, o *Ics*,* não tem em si a necessidade de não se deixar abordar de outro modo que não seja com essas intermitências [...] Pois, por mais científico que seja o *método* de abordagem, ele sempre tenderá a escapar, como o sonho escapa à vigília; consagrar-se a esse objeto sempre exigirá um *esforço quase não-natural* [...]"[2] Reflexões e enraizamento no momento de emergência da psicanálise que podem nos levar a uma abordagem mais pertinente daquilo que "acontece" hoje a essa disciplina: onde precisamente o *mal-estar* íntimo, inerente, nos informe talvez um pouco melhor sobre o *declínio* do

* Abreviação de inconsciente usada por Freud. (N.R.)

que essa última noção, tomada frontalmente em suas coordenadas históricas, sociológicas ou simplesmente manifestas, poderia fazê-lo.

# Ditadura da clínica, armadilha da ciência

*[...] quero dizer que não creio que nossos sucessos terapêuticos possam fazer concorrência aos de Lourdes. Há muito mais gente que acredita nos milagres da Santa Virgem do que na existência do inconsciente.*

SIGMUND FREUD*

*As teorias decidem o futuro dos critérios, os critérios não decidem o futuro da teoria.*

SERGE MOSCOVICI**

Evidentemente, poderíamos citar sobre as questões aqui levantadas a obra inteira de Freud, que as propôs ele próprio; mas, além de cairmos assim sob a acusação de *recitá-lo* — parte integrante do mal-estar contemporâneo — isso equivaleria a não levar em conta, e logo de saída, o célebre tempo que passa, o tempo não negligenciável da história *da* e *das* socie-

* S. Freud, *Nouvelles conférences d'introduction à la psychanalyse*, Gallimard, col. "Connaissance de l'inconscient", 1984, p. 204.

** S. Moscovici, comunicação à Associação Psicanalítica da França, durante o ciclo de debates "Pesquisa científica e atualidade da psicanálise", primavera de 1987.

dades, principalmente as analíticas. Os tempos heróicos passaram, asseguram-nos, a "experiência" nos teria aberto os olhos, a desilusão teria vindo nos atingir, a nós também, e, de querelas em ajustes de contas entre a "horda selvagem", de história em histórias, o fim de nossa aventura já se anunciaria. Se se acrescentam a isso outros boatos sobre a indignidade da teoria psicanalítica, em comparação aos progressos rigorosos e mensuráveis das ciências verdadeiras, logo estaríamos na fase dos monumentos comemorativos, se é que já não estamos nela.

Mas, já que também estamos nos tempos modernos, e numa situação de imensa difusão para a psicanálise, que logicamente não existia na época da fundação, podemos citar artigos da imprensa — injustamente escolhidos na totalidade destes, como é injusta toda escolha. Num matutino hoje infelizmente desaparecido, *Le Matin de Paris*, podia-se ler há cerca de três anos, a respeito dos trabalhos de Ferenczi, de Balint e seus sucessores, que eles constituíam "uma confirmação da *renovação clínica* da psicanálise". Aliás, recentemente, à guisa de comentário à obra de um autor que, há muito preocupado em introduzir o "social" na psicanálise, parece agora desejoso de tender para o lado das ciências "exatas",[1] observava-se, em *Lire*, que o autor "tirava enfim a poeira dos dois postulados anacrônicos da psicanálise: a hereditariedade dos caracteres psíquicos adquiridos e a 'sexualidade ampliada'". O livro, diziam, "apaixonante crítica dos elementos mitológicos presentes no discurso freudiano, inicia uma reconciliação entre a psicanálise e a realidade científica''. Assim também, afirmava-se, no *Le Monde*, sobre a mesma obra, que nela se tentava ''quando possível, construir pontes entre a contribuição [de Freud] e os conhecimentos científicos de hoje''. Esses dois recortes de jornal são particularmente interessantes, pois refletem muito bem as tendências e as críticas que se exercem, e com insistência, em partes consideráveis da própria ''comunidade'' psicanalítica — noção que também merece reflexão. O jornalista não comete nenhum erro, em nenhum desses casos: os autores citados se consagram efetivamente aos projetos que lhes são atribuídos, e suas convicções são realmente aquelas que se lhes atribuem. E seus procedimentos certamente não são, em si mesmos, repreensíveis, se assim podemos dizer. A questão seria, antes, discernir que *estado de coisas* é testemunhado por seus combates e por suas militâncias, e também, é claro, perguntar por que se dá atenção a esses aspectos e não a outros — se se admite que as posições tomadas pela mídia têm relação com as representações de uma coletividade. Nunca é sem interesse observar o que, num leque de propostas, tal coletividade distingue, e o que ela deixa de lado ou recusa.

No contexto atual, a menção elogiosa à ''renovação clínica'' não é, creio eu, tão inofensiva quanto possa parecer, assim como também não o é a escolha dos autores saudados por essa façanha. E a própria saudação não é desprovida de uma referência silenciosa, algo desdenhosa, ao domínio da psicanálise, no qual (segundo um consenso evidente e implícito) a renovação *não* se teria feito: o da teoria psicanalítica, *a fortiori* da sua doutrina.[2] Ferenczi e Balint certamente não são autores insignificantes; e sabe-se o lugar eminente que o primeiro ocupou na consideração de Freud, mas também na discordância com ele quanto a temas como a "elasticidade da técnica". Não vamos desenvolver aqui os pontos fortes desse debate importante, que poderemos examinar em outros textos; entretanto, pode-se afirmar, sem desnaturar nenhum dos dois, que Ferenczi, antes e depois de sua morte, foi e continuou sendo para Freud a figura mais respeitável de um perigo que era necessário combater para que a psicanálise não perdesse a sua coluna vertebral no registro da prática. O ponto fraco de Ferenczi residia, para Freud, na procura desesperada de arranjos técnicos de todo tipo, em nome das "necessidades" dos pacientes, esses arranjos no bojo dos quais — para outros analistas de estatura menos considerável e de ética teórica menos confiável — iria surgir o risco de uma "renovação clínica" tão inédita, que poderia tratar-se de uma prática "psicanalítica" completamente modificada, uma psicanálise sem psicanálise. Para Ferenczi e para Balint, se ambos merecem outro tratamento que não seja apenas uma conclusão desenvolta, é certo, de qualquer forma, que a qualificação de "renovação clínica", sem levar em consideração todos os eixos de uma controvérsia sempre atual e sempre grave, seria não menos leviana e unilateral. Sem falar da ironia que há em chamar de "renovação" opiniões preconcebidas que dividem a psicanálise desde o seu início. De que se trata verdadeiramente quando se alardeia assim a idéia de "renovação clínica", idéia para a qual esses nomes eminentes só servem hoje, talvez, de porta-bandeira ou de slogan? As próprias palavras não são insignificantes, se se tem o cuidado de escutá-las. Elas não dizem a mesma coisa que, por exemplo, "os avanços a que nos obriga a clínica", nem o mesmo que "as novas perspectivas oriundas da clínica". Um pouco de desconfiança em relação à linguagem corrente não é demais, nessa área.

Todos sabem que Freud foi levado a forjar pouco a pouco a *teoria* propriamente psicanalítica ao mesmo tempo que a criar-lhe o *sítio*, a situação analítica, na escuta das histéricas. Na seqüência do desenvolvimento de sua prática e de sua teoria, podem-se notar outros sinais das modificações que lhe inspirou a experiência clínica. Assim, para citar apenas alguns entre os mais importantes: um aprofundamento do lugar e da função da transferência em conseqüência da ruptura da análise de sua paciente Dora; a introdução da noção de narcisismo, tornada necessária pelo encontro de certas formas de resistência ao tratamento; a construção da noção de pulsão de morte, talvez plurideterminada por um lado pelas incidências da guerra, por outro pela preocupação de ir até o fim da especulação teórica suscitada principalmente pela reflexão sobre o narcisismo, e, *last but not least*, pelo fracasso relativo da prática em certos casos, em relação às expectativas do início. Acontecerá o mesmo, muito depois, quanto à introdução da noção de "reação terapêutica negativa". Poder-se-ia ampliar o propósito e mostrar como toda a teorização freudiana, até em seus aspectos mais especulativos, foi constantemente alimentada, na confirmação ou no desmentido das hipóteses, pela prática analítica, indissoluvelmente clínica e teórica.

A partir dali, um passo foi resoluta e desenvoltamente dado por alguns, especialmente em relação ao início: as histéricas não estariam apenas na fonte da elaboração primeira, elas teriam inventado a psicanálise e Freud teria apenas feito o papel de um gravador. Em resumo, bastava escutar e ter o espírito vivo.

"Renovação clínica" tem sonoridades do mesmo tipo. Entretanto, o próprio Winnicott — de quem algumas cartas admiráveis, recentemente publicadas, modificam felizmente a imagem enternecedora um tanto convencional que os psicanalistas franceses em geral tinham dele — Winnicott, clínico e inventivo como poucos, escreve: "Os avanços em nossa disciplina ocorrem na linha de frente do tratamento psicanalítico, quando o tratamento tende a fracassar ou a exigir modificações",[3] mas, longe de atribuir a si mesmo alguma "renovação", insiste por várias vezes, enfaticamente, junto aos seus diversos correspondentes: "Segundo meu ponto de vista, todos os meus relatórios teóricos originais só têm valor como prolongamento da teoria psicanalítica freudiana ordinária", e, não contente de falar em teoria, esclarece na mesma carta: "Gostaria muito de saber que você tem a mesma opinião que eu a respeito do trabalho de Freud, a quem *todos nós, psicoterapeutas, devemos tudo.*"[4] Lição extraordinária de um dos pensadores e práticos mais originais da história da psicanálise, que não deixa, em nenhum momento, de reivindicar com obstinação o que lhe cabe, o que ele trouxe de novo, principalmente na prática da psicanálise — mas que nunca se erige em corretor ou "revisionista". E isso é porque ele se inscreve no interior de uma teoria sempre viva para ele.

Muitas vezes, é mesmo disso que se trata, de diversos movimentos de revisionismo sob vários ângulos. No segundo volume de sua história da psicanálise,[5] Elisabeth Roudinesco faz observações interessantes sobre aquilo que, já em 1953, dividia os psicanalistas, quando do conflito que dilacerava a Sociedade Psicanalítica de Paris, então única instituição da profissão, e que iria resultar numa cisão e na criação da Sociedade Francesa de Psicanálise (posteriormente dita "lacaniana"): além da luta implícita entre a psicanálise médica, mais ou menos impregnada de organicismo, e a psicanálise "profana", exercida por não-médicos, reinava a discórdia entre os defensores de uma psicanálise entendida principalmente como psicologia *clínica*, sob o signo da anti-teoria, e os que eram, pelos primeiros, pejorativamente qualificados de "teóricos". Essa cisão, não na doutrina psicanalítica, mas nas concepções ou nas ideologias, nunca iria desaparecer. Hoje, ela se ampliou e seus efeitos aumentaram gravemente.

Assim, sob uma espécie de rótulo implícito, ao qual a fórmula "renovação clínica" conviria muito bem, desenvolveram-se não apenas representações do que seria e deveria ser uma psicanálise "retificada", mas também tipos reais de clínicos praticantes, para quem, numa espécie de mística "da clínica", a situação psicoterapêutica se manteria por si só. A clínica falaria, pensaria, interpretaria sozinha. Sozinha, ditaria a conduta do tratamento, como as histéricas teriam ditado seus textos a Freud: coincidência perfeita entre a palavra do paciente e a teoria do analista, fazendo-se a segunda cópia da primeira, com a condição de não se indagar muito onde, nessa operação, se meteu o inconsciente — e sua "análise".

As conseqüências são consideráveis. A "escuta", a "compreensão", a "ajuda", o espontaneísmo das interpretações do terapeuta tornando-se as principais dimensões da psicoterapia, a "técnica" consiste na adaptação do método do psicoterapeuta a cada paciente ou tipo de paciente. Concebe-se então que a teoria da psicanálise e de sua prática, e as regras, raras mas rigorosas, que ela dá a si mesma para poder funcionar no tratamento, apareçam como rígidas, unificadas — e inúteis. Aí se encontram efeitos que Freud observara e previra desde o início, e que nenhum "grande" teórico depois dele teria aceitado por sua vez: a saber, um ecletismo das teorias, dos modos de interpretação e das práticas, que adotam todos eles o nome de "psicanálise" (que então não significa mais do que "análise psicológica") e, sob a capa de "relativismo" e de "tolerância'', pretendem coexistir sob esse nome. Enquanto que, lenta mas seguramente, de concessão em concessão — com os "novos tipos de pacientes" (narcisistas, *border-line*, "psicóticos"), com a "realidade", com a "sociedade" —, a psicanálise, como teoria singular, que trabalha num campo específico, que implica uma prática muito particular, perde todo o seu gume decisivo.

A questão pode então levantar-se novamente: como acontece que, cada vez mais, a "clientela" potencial da prática e das concepções psicanalíticas, e até uma parte não desprezível do mundo dos profissionais sejam fregueses precisamente disso? Isso, em que, da radicalidade do inconsciente, de sua inconciliabilidade básica, de sua estranheza não-domesticável, não resta mais grande coisa, nem muita gente para defendê-las. Em contrapartida, abundam agora *as* psicanálises aplicadas: à educação das crianças, às relações do casal, às relações de trabalho, à interpretação dos textos literários, do pensamento filosófico, da biografia de Freud. E mais ainda: psicanálise aplicada ao próprio tratamento, que se torna um dos numerosos lugares de utilização dos *instrumentos* fornecidos (outrora) por uma descoberta agora obsoleta, e cuja teoria é apenas um apêndice inútil, sonho ou fantasia necessária, somente e às vezes, à higiene do prático. Assim se cumpre o que Freud escrevia a Pfister já em 1919, sobre os esforços de Jung, que "pretendia não rejeitá-lo, mas corrigi-lo para torná-lo próprio ao consumo".[6] Para quem gosta de comida insípida...

De fato, insipidez global da psicanálise, de suas produções, de sua prática, de seu impacto, dos estados de alma de seus clínicos. Como aconteceu que, a tantos membros da coletividade, isso apareça como preferível, e por vezes como violentamente necessário? Se realmente uma história conduziu a isso, talvez se deva também continuar a interrogar o outro registro, o mesmo manifesto, aquele em que a história não tem as mesmas regras: o dos objetos e dos próprios processos da psicanálise. Ali, o terreno é consideravelmente menos seguro: mas assim é o dessa trajetória, suficientemente desestabilizante talvez para levar maciçamente a considerar como único "sólido" o dos "dados" clínicos tomados em si mesmos e da obtenção mais direta de um alívio.

Medite-se nesta declaração, ainda de Winnicott, contando a um correspondente o seu trajeto para a psicanálise: "Isso implicou uma outra relação, bem mais pessoal, com os pacientes, *e o fato de eu perder, ao mesmo tempo, o caminho rápido para a felicidade ou a psicoterapia.*"[7]

Ao mesmo tempo em que se promove a exigência de um novo empirismo (o dos "fatos" ou dos "dados" da clínica), desenvolve-se pois o recurso a processos psicoterapêuticos adequados, receitas "técnicas" por um lado, espontaneísmo das interpretações, por outro, sendo essas duas vias apenas aparentemente contraditórias, pois têm em comum declarar o impasse sobre a teoria que fundamenta continuamente a prática. Em virtude das tendências que acabamos de descrever, não se pára de exigir e aplicar à psicanálise todo tipo de "derrogações", também comandadas — este é o aspecto menos confessado e entretanto um dos mais necessitados de uma consideração lúcida — pela diminuição, como diz o boato, da freqüência aos divãs. Assim, aqui e ali, fazem-se arranjos de todas as naturezas: menos sessões, horários mais flexíveis, condições de pagamento menos draconianas. Ou ainda, em outro registro: menos reserva do analista, mais conformidade entre sua linguagem e a do paciente. Longe de representar o que a situação analítica sempre viveu, isto é, as exceções às "regras" e as adaptações exigidas por este ou aquele caso particular, os fenômenos que se multiplicam hoje são muitas vezes reivindicados, mantidos e generalizados como "modificações da técnica".[8] Essa noção combina bem com a de "renovação clínica". A situação analítica, tão bem definida como "*sítio* do estranho",[9] torna-se, como se pode observar por toda a parte, mais socializada, mais familiar, quase se poderia dizer mais caseira.

Entretanto, e talvez isso só seja paradoxal aparentemente, outras exigências começam a pesar simultaneamente sobre a teoria e sobre a questão dos "resultados" da prática. A psicanálise é, cada vez mais, interrogada a partir de fora, e, em certa medida, fragilizada a partir de dentro, pelo desenvolvimento de outras disciplinas consideradas, estas sim, como verdadeiramente "científicas", e que podem parecer, no nível da observação, aproximar-se de certos fenômenos que teriam em comum com ela: especialmente as patologias psíquicas, mas também o funcionamento do pensamento, da memória, da linguagem. É aqui que se inscreve a questão da "reconciliação" ou das "pontes" ainda por estabelecer "entre a psicanálise e a realidade científica", de acordo com o segundo comentário crítico extraído do *Le Monde*, citado nas páginas precedentes.

Mas tratar-se-ia realmente, sob denominações aparentemente iguais, dos mesmos fenômenos? Devem-se adotar os chavões de uma "epistemologia" do bom senso, para a qual os "fatos" se ofereceriam por si mesmos à percepção, à observação, à experimentação e ao conhecimento, e assim, indiferentemente, à pluralidade das abordagens? A tal empirismo e a tal positivismo dos "dados" as ciências mais "duras" nunca se prestaram, e hoje menos do que nunca. Que pesquisador, nas disciplinas mais avançadas atualmente — e de modo particular na biologia, nas neuro-ciências, e mesmo na física — ignoraria que os saberes importantes na história do conhecimento o são principalmente pelo fato de que recortaram *novos objetos*, e, por conseguinte, novos tratamentos da "realidade"?[10] Sem entrar aqui num confronto acirrado entre o modo de conhecimento que é o da psicanálise e o das "ciências do espírito" de outra natureza — confronto difícil, mas que não deveria ser evitado, em seus desencontros e na sua própria surdez — pode-se, acredito, afirmar que a psicanálise também procedeu a esse recorte de objetos novos, para os quais teve que inventar seus métodos, seus procedimentos práticos e seus conceitos. Na verdade, encontram-se nos escritos de Freud os fundamentos de uma espécie particular de teoria do conhecimento, e ela se chama "metapsicologia". Um dos seus caracteres específicos é mostrar que os fenômenos que ela descobre, e a partir dos quais constrói a tomada de conhecimento, não são sem efeito sobre essa própria tomada de conhecimento. Processos tão difíceis de comunicar rigorosamente e tão impossíveis de vulgarizar quanto são, para o físico por exemplo, as relações de incerteza de Heisenberg, que o leigo "culto" — todos nós — acredita apreender quando enuncia: a posição do observador influencia a observação. Se citamos Freud quando escreve: "Certamente, não esperamos atingir [o estado de coisas real] pois somos evidentemente obrigados a traduzir nossas deduções na própria linguagem das nossas percepções",[11] ou ainda: "Toda ciência repousa sobre observações e experiências que nos transmite o nosso aparelho psíquico, mas como é justamente esse aparelho que estudamos, a analogia se detém aqui",[12] fazemos declarações igualmente aproximativas. Apesar da diferença das áreas de saber, apesar do fato de que cada um de nós acredita poder glosar sobre os fenômenos psíquicos porque os vivemos, ao passo que nenhum leigo ousaria legiferar sobre os fenômenos da física, por exemplo, é tão abusivo e impossível ter à sua disposição o uso corrente e familiar da teorização psicanalítica quanto o das teorias físicas. Entretanto, é com o descaso mais comum em relação a esse fato que se desenvolve, em geral, o aparato crítico construído contra a psicanálise, por causa da falta de "cientificidade" desta. Críticas usualmente evocadas a propósito de uma "biologia do espírito" que Freud teria neglicenciado, deformado ou ignorado, ao passo que, dizem, um "verdadeiro" raciocínio biológico lhe teria poupado muitos erros. E sem dúvida alguma, principalmente o erro de inventar, de criar a psicanálise.

Mas não é meu propósito dedicar-me também a uma crítica da abordagem biológica ou de qualquer outra ciência. O que me parece merecer mais atenção é o que ocorre no interior dos meios de pensamento e de atividade psicanalítica.

A verdadeira armadilha da "cientificidade" não me parece residir nas pressões exteriores — que, a meu ver, só têm vantagens quando conduzem a verdadeiras questões para os psicanalistas. Que, a pretexto de acusações de não-predizibilidade, de não-verificabilidade, de ausência de provas, de deficiências nos sucessos terapêuticos, de não-comparatividade com as outras ciências, e argumentos semelhantes, a psicanálise seja, de certo modo, excluída do concerto das "ciências", só me parece surpreendente quanto às seqüelas de culpa, de vergonha ou de melancolia que isso provoca até em certos analistas. Como dizia um dia Pierre Fédida,[13] se a psicanálise vive atualmente o sentimento do seu fim, isso é antes de tudo um *estado de pensamento*. É esse estado de pensamento que é o meu objeto.

Não seria preciso que a psicanálise fosse o centro de uma espécie de auto-rejeição, para se apresentar assim, de cabeça baixa, diante da crítica e da ironia de uma concepção "dura" e *única* dos critérios de "cientificidade" de outras disciplinas — que, em seus próprios procedimentos, não deixam de levar em conta *alguns* modelos de racionalidade, muito refinados e freqüentemente cada vez mais marcados por critérios de incerteza aos quais elas consentem amplamente, dos quais elas fazem *conhecimento*, por sua vez? É a própria psicanálise que, em alguns de seus setores, se mede por critérios inadequados e acaba ferida. Nisso, a psicanálise está próxima, mas também atacada por essa própria vizinhança, de certas concepções das ciências humanas, que sonham, também elas, com objetivações "científicas".

Tal estado de espírito não era, certamente, o de Freud. Mais capaz de suportar a ambigüidade, até a ubiqüidade, e principalmente o caráter fragmentário, cheio de lacunas, do seu objeto e do seu conhecimento, escrevia "nossa *ciência*" e ao mesmo tempo forjava e redigia uma teoria sempre em movimento, marcada por empréstimos tomados de outras ciências, mas não se reduzindo resolutamente a isso, intimamente habitada por literatura e ficção — sem que nunca a mão esquerda ignorasse o que escrevia a mão direita. Consentimento que muitos psicanalistas dificilmente arrancam a si mesmos.

E no entanto, em si mesmos — em nós mesmos, se é, como tento fazer, da "comunidade" que falo

—, quantas ambigüidades e quantas contradições. Acusado por uns de não ter entendido nada de biologia, Freud é por outros taxado de excessivamente biologizante. No centro desse debate, encontra-se geralmente a noção de pulsão. Vaga demais, inútil, deve ser suprimida, dizem uns; orgânica demais, biológica demais, não puramente "psíquica" o suficiente, dizem outros. Nesse ponto, Freud escrevia: "Os fenômenos estudados pela psicologia são em si mesmos tão incognoscíveis quanto os das outras ciências, da química ou da física, por exemplo. [...] É necessária uma criação de hipóteses e de conceitos novos; todavia estes últimos não devem ser considerados como provas do embaraço em que estaríamos, mas como um enriquecimento de nossos conhecimentos. Convém considerá-los sob o mesmo ângulo que as hipóteses de trabalho habitualmente utilizadas em outras ciências naturais e atribuir-lhes o mesmo valor aproximativo. [...] Como se surpreender se os conceitos fundamentais da nova ciência, seus princípios (pulsão, energia nervosa etc.) ficam tanto tempo indeterminados quanto os das ciências mais antigas (força, massa, atração etc.)."[14] Deve-se hoje considerar como ultrapassadas essas reflexões modestas, porém não desprovidas de obstinação? Talvez seja preciso aceitar o estado de coisas não só atual, mas de certo modo irremediável: a psicanálise é um tipo de teoria — e ela não é certamente a única, mesmo entre as ciências reputadas "duras", como por exemplo talvez a teoria da relatividade — que pode ser, numa certa medida organizadora de fatos, mas não necessariamente, e mesmo não certamente, de *todos* os fatos que ela cria, encontra ou observa na vida psíquica. De fato, ela está em movimento, age praticamente, cria efeitos à medida que os descobre: e movendo-se *desfaz uma ordem*, ao mesmo tempo que seu próprio objeto, os processos inconscientes, a desfaz incessantemente, por pouco que pretenda tornar-se "sólida" ou objetivar-se definitivamente. O "curso dos acontecimentos psíquicos", no sentido do inconsciente, não escapa às estases: mas estas são as suas doenças. Noção a dirigir para os clínicos do pensamento e do método analítico, também eles sujeitos a uma patologia desse tipo.

Correspondendo-se com Arnold Zweig durante os anos em que escreveu "Moisés e o monoteísmo", Freud confiava ao seu amigo a sua inquietação e até a sua depressão relativas ao fato de que ele estava "erigindo uma estátua de imensa grandeza sobre um pedestal de argila, de modo que qualquer louco poderá derrubá-la".[15] Da mesma forma, no corpo da obra em questão, nota ele que o seu trabalho se apresenta ao seu próprio senso crítico "como uma bailarina na ponta dos pés". Essas observações, ligadas a um texto muito especial, o último publicado em vida do autor, poderiam aplicar-se ao conjunto do edifício psicanalítico. Não para qualificar apenas a sua fragilidade, os elementos de dúvida que comporta e as incertezas que o seu inventor nunca dissimula (principalmente sobre os dados da história "material" de um indivíduo ou de uma coletividade), porém mais precisamente para designar os traços e processos específicos que ele põe em evidência e sobre os quais esse edifício repousa, assim como os modelos sucessivos do aparelho psíquico que descreve.[16] O pedestal de argila qualifica simultaneamente o próprio inconsciente e aquilo de que esse objeto essencial da psicanálise é ao mesmo tempo centro e objeto: os processos do recalque — recalque "originário" que o constitui, recalque propriamente dito que funciona incessantemente, criador de esquecimento *e* de conservação subterrânea dos traços mnêmicos —, amnésia do período infantil dita "pré-histórica", ao mesmo tempo que memória inconsciente indestrutível, acionamento de mecanismos deformadores pelos quais essa memória é simultaneamente inscrita, dissimulada sob uma forma mascarada, e revelada por produtos que se manifestam nos sonhos, neuroses, fantasias e sintomas. Funcionamento concomitante de uma temporalidade particular, onde todo esse desconhecimento só pode ser descoberto no *só-depois*, onde são as *conseqüências* que levam a induzir, a construir suas fontes passadas sempre presentes, onde são os *restos* — neuroses, religiões, símbolos, tradições, formas de linguagem — que nos informam sobre a maneira pela qual os traços de experiências arcaicas geraram história humana.

Todos esses são elementos ao mesmo tempo irrefutáveis em sua realidade, e eminentemente discutíveis como "provas", no sentido científico usual da palavra. Dados e imediatamente construções: esta é a natureza dos "fatos" psíquicos da psicanálise, como a prática os apresenta para serem definidos, com a condição de que uma metapsicologia muito precisa tenha permitido construí-los e conceituá-los em seu caráter sempre híbrido. Observáveis sem dúvida alguma pelo analista — depois que este se tornou tal —, mas não sem a parte de ficção que, logo de saída, faz parte de sua natureza: *fantasias* e *representações*.

A maneira de tratá-los é conseqüência disso, e também os métodos de exposição — e, se quisermos, de demonstração. Todo tipo de procedimentos foi tentado: códigos de decifração e de ordem, modelos matematizados, quadros análogos ao de Mendeleiev, a apresentação se complicando sempre pelo fato de que o objeto desse saber ainda novo, e seus símbolos, falam. A natureza linguageira, ou deveríamos dizer "palavrística", das representações, das fantasias, do sujeito que sonha, sofre, faz uma análise, vem prejudicar a possibilidade de estabelecimento de um simbolismo puramente formal, inteiramente mudo, diretamente traduzível. A isso, os matemas de Lacan tentaram trazer remédio, ou ainda a sua topologia, como fizeram por sua vez as abstrações de um Bion. Mas tudo isso sempre se pôs de novo a falar: as próprias estruturas lingüísticas não se calam, quando é na psicanálise que elas tomam lugar. Como "cientificizar" essa disciplina tagarela em que algo, entretanto, fica para sempre e radicalmente secreto, silencioso, mas fazendo muito barulho? Entretanto, é um objeto de conhecimento, e que produziu um *modo* de conhecimento, do qual se poderia dizer, creio, que não é apenas suscetível de ser interrogado por outras ciências, mas que merece interrogá-las, por sua vez, na fonte de suas próprias construções e produções. O inconsciente não se dá por inteiro, mas não poupa nenhuma criação de pensamento.

Assim, como falar, discutir e até comunicar "cientificamente" a respeito de tudo isso? Nesse ponto, assiste-se entre os próprios analistas a posições ainda uma vez contraditórias. Por um lado, uma procura de objetivação e de formalização, inspirada pelo desejo de estar à altura dos critérios "científicos", sobre os quais eu disse algumas palavras. Por outro lado, uma curiosa reivindicação de extraterritorialidade acrescida de um isolamento social e conceitual algo altivo, como se o conhecimento de um inconsciente que, este sim, é de certo modo extraterritorial, devesse refletir exatamente essa característica, isto é, escapar completamente às coerções de definição, de apresentação e de discussão exigíveis de todo sistema de conhecimento como tal. Chega-se então, às vezes, à equivalência prestigiosa de uma linguagem do conhecimento do inconsciente com o dialeto do próprio inconsciente (que não considera tempo, negação, contradição), ou ainda com a regra que ordena ou desordena a palavra na situação analítica: associação livre, evocação, alusão. É então uma ciência ou uma teoria do vago ou do mais-ou-menos que é apresentada, como se não fosse justamente a exposição do desconhecido, do contraditório, do negativo, do inobjetivável, que exigisse, ao contrário, o emprego da linguagem mais preciso, mais minucioso, mais rigoroso até na especulação e na divagação teórica. Sem isso, poderíamos cair — e caímos — numa mística do inconsciente, ou numa estética do experimentado. Todas as ciências têm *suas* incógnitas, seus enigmas, suas impotências a expressar; assim, a física, que não pode dizer em uma teoria verbalizada o que ela pode "dizer" sem palavras na linguagem matemática. A psicanálise deve assumir e explicar, quando se comunica com outros especialistas, que existe nela também uma formidável ruptura ainda que de outra natureza: que a radicalidade do inconsciente não pode se *dizer* — ela apenas se manifesta, mas com que fôrça — e que, não obstante, uma linguagem de comunicação, uma teoria, imperfeita, podem enunciar-se, com uma redobrada preocupação com o rigor e o discernimento. Ao que escrevia Wittgenstein: "Aquilo de que não se pode falar, deve-se calar",[17] talvez devêssemos acrescentar, e não opor: sobre o que não podemos falar, devemos entretanto *não* calar. O "indizível" não é necessariamente, na psicanálise, a melhor maneira de transmitir o poder do obscuro, nem mesmo do silêncio. Está em jogo a resolução de enfrentar o trabalho de exposição do pensamento inconsciente, e talvez o próprio pensamento do inconsciente.

Winnicott, no vigor e na audácia das cartas já mencionadas, permite mais uma vez escapar à repetição, tão pejorativamente considerada, da citação de Freud. Ambos são inigualáveis, e, quanto à ousadia, muito comparáveis. Assim Winnicott, embora convencido de que "a arte é talvez o campo mais importante da experiência humana",[18] escreve a 13 de novembro de 1946 a Ella Sharpe: "Na verdade, não sei se concordo em que a psicanálise seja uma arte. [...] Na psicanálise, a arte é menos importante, e a técnica, que repousa sobre considerações científicas, é mais importante."[19] É também ele que, com um humor tanto mais vivo quanto mais profundo é o seu propósito, nos fornece uma das diferenças capitais entre a situação "epistemológica" de um psicanalista e a de um cientista de outra família de ciências: "Foi muito a sério que falei da diferença entre fazer uma análise e escrever um artigo. Minhas análises são do princípio ao fim levadas ou arrastadas pelo paciente e não por mim, enquanto que, evidentemente, não é a mesma coisa com um artigo. Posso dizer que um artigo que estou escrevendo nunca se vira para mim e diz: 'Ei! Acorda!'."[20] Assim também faz o inconsciente: ele se vira para nós.

# Que comunidade?

*A despeito de todas essas dificuldades [as que se opõem à aplicação terapêutica de nossos conhecimentos sobre o psiquismo, no campo social], pode-se esperar que um dia alguém ouse empreender nesse sentido a patologia das sociedades civilizadas.*

SIGMUND FREUD*

Embora Freud logo tenha qualificado o grupo psicanalítico que se formara à sua volta de "horda selvagem", embora tivesse tido que lidar com diversas formas do que era, a seu ver, "dissidência", embora, bem mais do que se crê, ele também tenha aceitado ao seu lado teorizações que não eram de modo algum cópias fiéis da sua (Abraham, Groddeck, Lou Andreas-Salomé, Rank, para só citar estes), não podemos nos limitar a essas observações para qualificar o estado de coisas atual na coletividade dos psicanalistas, seja ela internacional, européia ou especificamente francesa. Não farei aqui o inventário da

* *Malaise dans la civilisation*, PUF, p. 106. Empreender no sentido psicanalítico uma reflexão sobre a patologia das sociedades civilizadas é uma dessas tarefas que ficam a nosso cargo, diante de nós, e não nos deixam virar de vez a página.

pluralidade dos grupos, que foi objeto de uma descrição e de um relato históricos muito detalhados.[1] A história e as histórias das instituições podem, ao que me parece, ser consideradas como sintomas e manifestações, como a "verdade material", efetivamente histórica no sentido tradicional, daquilo que, do interior de si mesmo, ameaça e afeta essa disciplina através de sua própria "natureza", através daquilo em que ela implica os membros dessa "profissão impossível".

Estaremos seguros de que podemos dizer hoje "*a* psicanálise", e, em caso afirmativo, saberíamos enunciar e justificar em que ela seria *uma*? Perguntas que fazem verdadeiramente os que se ocupam de psicanálise, principalmente quando consentem em filiar-se a agrupamentos com um mínimo de regulamentação e em assumir as tarefas analíticas socializadas que isso comporta: intercâmbio científico, gestão das regras de funcionamento, e, principalmente, formação de novos analistas. E a diversidade das teorizações e das concepções da prática — principalmente a diversidade dos modos de viver as relações entre a teoria e a prática — longe de recobrir a diversidade dos grupos, é no próprio interior de cada grupo que, na maioria dos casos, a lucidez obriga a constatar, existe um pluralismo surpreendente. Estado de fato de que poderíamos nos felicitar se se tratasse de uma abundância, de uma diversidade de idéias que se confrontariam, e até se enfrentariam, refinando-se umas às outras, enriquecendo *a* psicanálise.

Na verdade, o problema é mais complexo, suficientemente conflitual para alterar a comunidade social com excessiva freqüência, mas principalmente tão difícil de manter no nível dos princípios fundamentais que é a comunidade científica, a de um pensamento consensual, que se encontra ameaçado de ser intimamente minado — e que já o está. Mais uma vez, laxismo e ecletismo parecem reinar sob a capa de uma tolerância declarada, que aliás é apenas aparente. No campo francês, ao menos em sua parte que não era ou que não permaneceu doutrinalmente lacaniana, o impacto da pessoa e do pensamento de Lacan, que foi durante dez anos reconhecido como uma grande aventura compartilhada por muitos, parece ter deixado atrás de si como que efeitos de terror, sobre os quais vale a pena interrogar-se sem preconceitos, efeitos de terror cujas conseqüências, estranhamente, não cessam de ser nocivas tanto para os grupos de analistas que sempre foram não-lacanianos quanto para aqueles que, depois de terem sido lacanianos, se "reconverteram". Sob Lacan, para os seus discípulos, houve *uma* psicanálise e apenas uma, um mestre e apenas um. Agora, a situação é bem diferente: há *alguns* lacanianos, dispersos em vários grupos, dos quais cada um reivindica o mesmo mestre e a mesma teoria, mas que muitas vezes se rejeitam reciprocamente, e há alguns não-lacanianos, tão preocupados em se manterem em *um* grupo (ou em dois, que se dizem irmãos, no seio da Associação Psicanalítica Internacional[2]) que, para conservar o mínimo de consenso que mantém juntos uma coleção de indivíduos, procedem implicitamente a uma espécie de redução de seus princípios teóricos e práticos. Redução silenciosa que, permitindo a coexistência de *várias* concepções psicanalíticas, e com a condição de não abrir demais os olhos nem as bocas, proporciona a ilusão de que continuam *juntos* a promover *a* psicanálise.

O caso seria episódico se se limitasse ao registro da dinâmica de grupo ou dos conflitos pessoais. Sob esse ângulo, ele é sem dúvida um tanto patético e prejudicial, pelo fato de que impõe renúncias exigidas ou automutilações espontâneas aos seus indivíduos e aos próprios grupos, por vezes reduzidos a gerir apenas estados psíquicos antagonísticos e velhas dívidas não-pagas, cuja origem se esqueceu. Mas é sob o ângulo do destino da própria psicanálise que é interessante não anular a questão. Por que se luta e por que causa se cessou de lutar quando, em certos momentos e em certos setores, as coisas chegaram a esse ponto? Pode-se ainda tentar fazer a essas obscuras querelas a honra de crer que nelas se trata verdadeiramente e mais uma vez do *cacife* da psicanálise, e até quando? — sendo o problema saber a partir de que ponto ela terá perdido o seu núcleo.

A questão do núcleo é pertinente; ela já preocupava Freud, em relação à pluralidade dos pontos de vista que sempre o interessara, e que ele teorizou fundamentalmente em vários registros: por exemplo na abordagem plural descrita no próprio seio da metapsicologia, ou ainda na demultiplicação da origem do Deus único e de Moisés, seu profeta; mas também em sua própria relação com a teoria que construía. A 7 de julho de 1914, escrevia ele com certa melancolia a Lou Andreas-Salomé: "Eu mesmo tenho habitualmente várias opiniões sobre um mesmo objeto, ao menos até o momento em que publico uma delas. *Mas é preciso conservar a unidade no núcleo*[3] [...]" Do mesmo modo, é sem arrogância, mas com firmeza, que ele sublinhará mais tarde, em "Além do princípio do prazer", a necessidade de ser *unilateral* quando se trata verdadeiramente de procurar, de encontrar, de levar uma idéia até o fim, de mantê-la. Não é indiferente que seja o mesmo homem que, por um lado, nessa teoria, soube que era preciso limitar-se a *uma* idéia forte se quisesse mantê-la e, por outro lado, levou muito longe a desmontagem da representação do *Um*, seja no registro do narcisismo, seja no da religião monoteísta. Trata-se realmente, na aventura da psicanálise, de algo que interroga os fenômenos religiosos e os fenômenos totalitários, no ponto em que eles podem funcionar também, às vezes, nos destinos da transmissão de uma "ciência" — principalmente quando constituem um dos objetos de reflexão dessa ciência. Especificamente, e, por enquanto, lembre-se que, para Freud, a transferência, a religiosidade e as interdições de pensar têm fontes aparentadas, por assim dizer.

A aventura lacaniana e pós-lacaniana poderia ser vista como uma forma bem francesa, muito original e rica de conseqüências de todo tipo, de processos que se desenrolariam no registro que acabo de indicar. Mas seria preciso não se livrar do problema depois de tê-lo assim designado, principalmente quando se observa que é também cada vez mais em relação a Freud, de quem a psicanálise leva muitas vezes o nome adjetivado, que questionamentos do mesmo gênero surgem de toda a parte. Após sermos instados a "ultrapassar" Lacan, exortam-nos cada vez mais a "ultrapassar" enfim o próprio Freud. Solicitações redobradas para que viremos a página, solicitações que ignoram propositadamente o fato de que, nesse registro, o "depois" significa que isso não poderá mais, doravante, ser como antes, e que, na temporalidade singular da psicanálise, esse "depois" designa basicamente uma mutação persistente. Tornou-se lugar-comum das críticas sobre o marxismo ou sobre a psicanálise ouvir, no mundo exterior a essas disciplinas, e mesmo no interior, elevarem-se observações "de boa fé": uma teoria verdadeiramente "científica" teria o nome próprio de um homem cem anos depois de sua criação? Se há marx-ismo e freud-ismo, há religião. Já que a primeira teoria está, como se diz, acabada, promete-se, dentro de pouco tempo, o mesmo destino à segunda. Como é que ainda se pode ser freudiano, quando há tantas outras variantes da psicanálise, e tantos outros nomes próprios? É assim que, no interior das "comunidades" analíticas, os leitores, os citadores, numa palavra, os discípulos da obra de Freud são mais ou menos jocosamente acusados de ser apenas os exegetas excessivamente respeitosos de um texto sagrado. Por que não se lembram do uso que esse autor, grande leitor e usuário do Antigo e do Novo Testamento, fazia dos textos sagrados? Admirador de um Michelangelo bastante audacioso para esculpir um Moisés também ele infiel àquele que a Bíblia apresentava, escrevia numa nota do seu próprio *Moisés*: "Recorrendo de modo tão autoritário e pessoal à tradição bíblica, encontrando nela uma confirmação quando ela serve a nossos propósitos, recusando-a sem hesitar no caso contrário, não ignoramos que expomos o nosso método a uma séria crítica e que enfraquecemos a força convincente das nossas asserções. Mas é a única maneira de tratar um material do qual se sabe que não é seguro por ter sido gravemente deteriorado sob a influência de tendências deformadoras. [...] De modo geral, a certeza não é acessível aqui, e podemos dizer que todos os outros autores procederam como nós."[4] A obra de Freud pode ser também, como se vê, uma grande lição de leitura, de comentários, de liberdade de especular e de pensar. Se é uma religião, é a da não-submissão a um texto, que não é incompatível com a contínua estimulação oferecida por um pensamento verdadeiramente criador. Texto maldito, esse texto sagrado.

Entretanto, não é raro, em certas zonas da psicanálise na França, acrescentar-se, à acusação de se dedicar à veneração repetitiva desse texto, os qualificativos de "teóricos" ou de "metapsicólogos", dirigidos mais com o tom da condescendência do que com o do elogio àqueles que levam o culto até uma consulta obstinada dos dados de base — sempre fugidios, sempre novamente emergentes — do texto inaugural. Qualificativos que incluem implicitamente que privilegiar assim a atenção ao escrito, não é estar preocupado nem mesmo ocupado com a prática, que seria verdadeiramente soberana. Insistência da idéia de que o psicanalista, em seu exercício, deve tudo aos seus próprios talentos e à escuta dos seus pacientes. Admirável virgindade que seria cada vez trazida de novo pela situação analítica, ou fantasia obstinada, no analista, que só deveria o que faz e o que é a si próprio? A questão da transmissão e da dívida é assim continuamente escondida ou repelida, ao mesmo tempo em que se criam divisões estéreis entre "teóricos" e "práticos", que dilaceram a comunidade virtual. Entretanto, não se pode querer ser um, como psicanalista, sem ser incansavelmente o outro — todos os comentários sobre a psicanálise sendo, naturalmente, lícitos, e até talvez exigíveis no mundo do pensamento, principalmente filosófico, sobre o modo pelo qual a cultura faz legitimamente uso de todos os seus saberes e de tudo o que pode tê-la modificado. Quanto a ser psicanalistas, e continuar a sê-lo, isso não acontece transformando-se em puros pesquisadores, nem "experimentando" a teoria salvaguardada apenas por seu pensamento — nem sendo psicanalistas *ex nihilo*, a cada vez, graças apenas à sua prática. É nisso que existe uma outra diferença entre os psicanalistas e os que usam o pensamento psicanalítico em outras áreas: para os primeiros, nessas matérias eminentemente inflamáveis, não só o paciente pode se virar para nós, mas também o livro.

Winnicott, outra grande figura da psicanálise, e tão pouco passível de intimidação quanto Freud, tinha sobre o funcionamento dos narcisismos teóricos em sua própria sociedade (chamará ele "aparelho de estado" ao sistema fechado do vocabulário imposto, das regras de formação e das interdições de confrontar-se com outros pensamentos, em vigor entre os kleinianos) opiniões sem concessão, e, justamente porque ele se implicava fortemente na vida comunitária da psicanálise, não se privava absolutamente de dizê-lo. A referência à sua experiência, muito instrutiva para a nossa, pode permitir-nos escapar por um momento ao nosso etnocentrismo psicanalítico. É com ele que podemos imaginariamente dialogar, quanto às doenças que afligem nossas vidas de grupo. Ali onde qualquer um dos nossos psicanalistas cansados do freudismo saudaria o ancestral para o declarar perempto, e proporia uma renovação (uma nova renovação) da teoria psicanalítica, poderia ele responder o que escrevia a uma correspondente, ainda a propósito de Melanie Klein (então viva) e dos kleinianos: "O problema é que, em seus escritos e em suas descrições de casos, eles consideram o trabalho de Freud como óbvio, e pensam que o estão suplantando, e não enriquecendo-o com seus próprios trabalhos." A isso acrescenta, pois está muito atento ao que paralisa o intercâmbio, no grupo: "Eles são pois, de certo modo, responsáveis pelo grande mal-entendido que existe atualmente em nossa Sociedade."[5] O equivalente ao império de Lacan, quando reinava, como se diz, sobre os espíritos e os conceitos, era pois, como vemos, no grupo inglês do tempo de Winnicott, mas apenas para um terço desse grupo,[6] o de uma imperatriz: Melanie Klein. Era sobre ela que Winnicott, que — assim como dizia de Freud "nós lhe devemos tudo" — lhe pagava sempre e de bom grado a sua dívida de formação, afirmava entretanto que ela encarnava um obstáculo à fluidez dos conceitos e da linguagem psicanalíticos, e também ao intercâmbio com as outras linguagens. Se somos obrigados a usar apenas essa única linguagem, dizia ele, sem poder usar a nossa, explicando-nos mutuamente sobre nossas maneiras de dizer, "então a linguagem morrerá, o que já está acontecendo na Sociedade".[7]

Mas ele, muito rigoroso quanto ao emprego de seu próprio vocabulário — pois existe um vocabulário "winnicottiano", e dos mais precisos —, não deixa de se explicar com minúcias sobre a razão pela qual se expressa assim e não de outro modo. Porque pensa que os kleinianos empregam "pulsão de morte" de maneira inexata e vaga, e porque está certo, aliás, de que o próprio Freud cometeu um engano ao forjar esse conceito. Mas ele não o proíbe; luta sobre o fundo e a forma. Não pratica o terror sobre o pensamento e a palavra — ainda que suas cartas implacáveis fizessem tremer os seus destinatários só de olharem o envelope, por menos caráter que tivessem.

Se *algumas* linguagens são possíveis e até desejáveis na psicanálise, o ecletismo sem limites das concepções do objeto pode sê-lo verdadeiramente?

Jung escreveu um dia a Freud, quando se esboçava a ruptura, esta frase admirável: "Eu nunca o confundi com uma questão de doutrina." Quem não assinaria essa declaração? Mas dever-se-ia, pela beleza da frase, e por causa do "tudo é permitido" da *Declaration of Independence* (como Freud chamou o manifesto final de Jung ao se separar dele), instalar na psicanálise — dizendo, ao mesmo tempo, ser freudianos (como dizer outra coisa?) — equivalentes do que seria um "por que não Jung?" *A minima*, abrigamos entretanto, em nós mesmos, muitas pequenas ou grandes concessões, que não são talvez menores em seus efeitos do que as "derrogações" junguianas, e que desagregam progressivamente o nosso núcleo.

Não confundir o fundador com uma questão de doutrina, sem dúvida, mas de que cumplicidade entre o homem e a doutrina se tem medo? E o que funciona naqueles sobre quem não se sabe mais se recusam a doutrina porque temem a força do homem, ou se enterram o homem porque sua doutrina os faz tremer? Ironicamente, "confundir o totem com seu nome, o homem com seu nome", é um dos mecanismos do "pensamento selvagem" descrito por Freud, depois de Frazer e outros, em "Totem e tabu". Nos funcionamentos animistas de nossas sociedades científicas e de formação, funcionamentos que a linguagem moderna acredita poder chamar "políticos", isso dá resultados bem estranhos. No ponto em que uma Lou Andreas-Salomé, mulher de extraordinária independência de espírito, discípula ardente de

Freud, mas pouco ciosa de ortodoxia, apesar disso escrevia: "Não sei o que seria essa ciência sem esse nome", os atuais partidários de um corajoso "Nem Deus nem mestre" parecem atingidos por uma observação cheia de humor feita por Freud ao pastor Pfister, a respeito de uma situação conflituosa na Sociedade Suíça de Psicanálise: se os membros dessa Sociedade consideravam o enviado da Associação Internacional como "o emissário da Alta Inquisição encarregado de zelar pela sua ortodoxia",[8] essa seria uma concepção política bem pouco adequada a relações científicas. E acrescentava: "[...] o impulso de independência republicana poderia, assim, levantar-se contra a opressão imposta pelas tábuas de logaritmos."[9] A questão é interessante. Devemos concluir que Freud ou qualquer outro membro do seu círculo exigiam ser considerados como uma tábua de logaritmos, uma questão de doutrina? O raciocínio, explicitado na mesma carta, era mais simples: num movimento científico, os membros de um grupo em processo de formação e desejosos de aderir, de compartilhar a teoria defendida por esse grupo, podiam ter a vantagem de *aprender algo de um homem*, já experiente, já formado. Na psicanálise, e até lendo obras impressas, todos sempre aprendem algo *de um homem*. Assim se dá a própria formação, *de homem para homem*, transportando uma teoria e sua colocação em prática, a partir do gesto inaugural de Freud.

Acontece o mesmo com o tratamento analítico. Winnicott não escrevia: "Falei da psicoterapia como de duas pessoas que se medem uma à outra"[10]?

Também aqui conviria, a pretexto da força e da sugestão que alguns gostam de atribuir à idéia das transferências, ter medo da ditadura dos logaritmos?

O que aconteceu, então, entre os psicanalistas, com a idéia da universalidade da teoria psicanalítica? Da Caribde da imensa burocracia em que se tornou a Associação psicanalítica internacional, guardiã de regulamentos tão abstratos que as sociedades, em sua diversidade, são obrigadas a fingir que obedecem a eles, é preciso cair na Cila de particularismos tão corporativistas que só favorecem organizações preocupadas em defender regionalmente o rótulo profissional? Aliás, o problema está longe de ser estritamente francês.

No boletim da Federação européia de psicanálise, podiam-se ler recentemente, no artigo de um psicanalista alemão, algumas reflexões bastante duras sobre as acomodações da psicanálise alemã com a política de saúde do país. O que determina as acomodações "deles" parece ser de natureza diferente do que ocorre na França, mas as próprias acomodações parecem ligar-se aos mesmos mecanismos — e resultar, do mesmo modo, na promoção de um certo "profissionalismo terapêutico". Evocando a busca de uma definição da psicanálise, o autor do artigo cita a constatação de um psicanalista inglês bem conhecido, Joseph Sandler,[11] que enunciava assim a conclusão à qual chegara um colóquio sobre esse tema em 1981: "A psicanálise é o que praticam os psicanalistas" — frase surpreendente que lembra outra, bem antiga, da psicologia aplicada mais positivista: "A inteligência é o que é medido pelo meu teste [dito de inteligência]." O tempo passa, as tautologias ficam. E o autor desse artigo alemão exige dos psicanalistas, a fim de que sua disciplina não se degrade, "uma incorruptibilidade impiedosa na percepção e na crítica do que chega à psicanálise."[12] E conclui, em linguagem um tanto pesada, mas que merece que se desenvolva a idéia que ele defende, que os analistas são vítimas da "corruptibilidade de seu supereu". Embora as diferenças entre as situações sejam socialmente consideráveis — a psicanálise francesa não depende, no momento, de uma política global de saúde, o que aliás certos psicanalistas lamentam, comprovando assim o fato de que a analogia não é infundada —, não se deve desprezar a semelhança dos processos que, mais ou menos, corroem a psicanálise a partir do seu próprio interior, por uma disposição, que ela teria, de ceder no essencial: endurecendo aqui, curvando-se ali, sobre seus próprios princípios, até perder de vista os seus verdadeiros objetos, de tanto ser a presa deles. "O inconsciente se vinga", dizia Lou Andreas-Salomé, daqueles nos quais ele não encontra vias negociáveis de expressão — e talvez principalmente daqueles que fazem profissão de freqüentá-lo sem remeter constantemente a si mesmos a experiência e o conhecimento que já adquiriram de seus efeitos. Isso também remete ao que Lacan chamava "o drama da vida comunitária deles", se não remetem continuamente à profissão, para seu próprio governo, a medida e a recondução do que lhes coube na partilha.

Talvez seja urgente continuar a indagar, com a ajuda dos aportes da própria psicanálise, de que maneira ocorreu que a fidelidade voluntária a um pensamento de que se participa acabe sendo confundida com o risco de uma submissão passiva, de uma total invasão de si, e, como tal, tão digna de ser temida quanto recusada. Assim também, é espantoso — o que não é o caso nem de um Winnicott, nem, mais modestamente, dos que podem aceitar a lição de suas *maneiras de ser* com os conceitos — que se vejam apenas, nas noções fundadoras e seu emprego, interdições de pensar. As "palavras-rolhas" só o são porque não as fazemos viver, quando não as interrogamos em sua atividade, ou quando fingimos crer que elas próprias não se prestam à interrogação. O que Winnicott reprovava em Melanie Klein não era o seu pensamento, nem mesmo a sua linguagem: era não enfrentar a oposição ao kleinismo, era "não querer ser perturbada" por ele e suas idéias, e "que ela só quisesse receber analistas que concordassem com a sua contribuição".[13] Fenômenos ingleses?

O medo de que uma linguagem qualificada de petrificada ou de morta — medo contra o qual se ergue Winnicott, assim como se opõe a essa mesma linguagem — leva a muito estranhas precauções. Sistema contra sistema, aqueles que são dominados por esse medo antes de mais nada (isso pode ser realmente uma ocupação de tempo integral) dedicam-se às vezes a erigir, contra essa força temida, muralhas de concreto: haverá um convite implícito ou explícito para renovar não só a clínica mas também a linguagem da psicanálise. Construções inteiras de um pensamento serão declaradas inúteis, ou simplesmente deixadas de lado, doravante nulas e inexistentes. Palavras serão mais ou menos silenciosamente proscritas. Situação muito paradoxal, essa de responder a supostas interdições de pensar prescritas pelo "dogma" com reais interdições de falar. Quando se trata de Freud, talvez valha a pena refletir num estado de fato que exibe claramente toda a sua complexidade. Por um lado, desenrola-se uma linguagem extremamente fluida e em movimento, em que o contexto das palavras inflete o seu sentido, em que suas associações solicitam sempre um enriquecimento das evocações, em que a reinterrogação dos conceitos é explícita. Por exemplo, em 1915, na *Metapsicologia*, encontra-se uma definição da "pulsão", mas no mesmo ano exprimem-se as dúvidas de Freud sobre a metapsicologia numa carta a Lou Andreas-Salomé, e ainda em 1932, em *Novas Conferências*, faz a confissão de que "ainda não sabemos bastante sobre a noção de pulsão". Por outro lado, afirma-se, com reticências mas firmeza, a necessidade de um recurso a uma exposição preocupada com a "ortodoxia", em *certas* situações e para *certos* fins;[14] assim, no prefácio do "Esboço de psicanálise", encontra-se esta declaração: "O objetivo deste curto trabalho é reunir as doutrinas da psicanálise a fim de expô-las, *de modo por assim dizer dogmático* [...].'' Estado de ambigüidade básica, originário e sempre inerente à psicanálise — mistura de incerteza quanto ao fundo e de aptidão incessante para deixar-se inquietar —, que, no entanto, como se fosse totalmente desconhecido, não deixa de levantar aqui e ali queixas contra a ''tirania'' dessa linguagem e desse pensamento, sem procurar saber *onde* reside a tirania: no suposto tirano ou no pretenso rebelde.

Para questionar esses estados de fato, textos, isto é, ensinamentos freudianos vivos, precisamente consagrados a tais fenômenos, como ''Psicologia das massas e análise do eu'', ou ainda como ''Totem e tabu'', poderiam nos auxiliar muito, assim como todas as suas conseqüências teóricas e práticas. Não falam eles apenas do que aconteceu outrora e alhures. E, para ter uma idéia não menos impressionante do que o medo da linguagem — e dos ''maus pensamentos'' — pode fazer com a linguagem, a releitura de *1984* de Orwell (outro texto ''inatual'' cuja atualidade se torna, por assim dizer, cada vez mais permanente) é um complemento precioso, no fundo nem mais nem menos romanesco, isto é, tão premonitório de um presente constante quanto as ''ficções'' freudianas. Se, progressivamente, em nome de sua natureza supostamente obsoleta e da necessidade de renovação do *corpus* psicanalítico, o texto de Freud acaba por adquirir o status de grande fóssil da cultura que alguns lhe atribuem, o que acontecerá num futuro próximo? Não irá ele reunir-se no passado a ilustres predecessores? ''Por volta de 2050, talvez mais cedo, todo conhecimento da antiga língua terá desaparecido. Toda a literatura do passado terá sido destruída. Chaucer, Shakespeare, Milton, Byron só existirão em versão novilíngua.''[15]

Alguns já pensam em nos livrar do conceito, declarado inútil, de ''pulsão'',[16] outros convidam a desfalcar o nosso vocabulário da palavra ''fantasia'', para substituí-la por ''devaneio'' [''*fantaisie*'']][17] — a despeito ou por causa de suas conotações em francês —,* e *grosso modo* a metapsicologia dirige-se para a sua subtração, como se retiram os andaimes de um prédio, depois de terminado. Aliás, quando se cuida, a pretexto de tratar de modo mais ''científico'' e rigoroso uma pretensa ''língua freudiana'', de fixar-lhe solidamente o código e a terminologia num glossário[18] que tenta reduzir as flutuações contextuais e as ambigüidades de interpretação, de alguma forma faz-se ''inocentemente'' funcionar outra regra, outra visada da constituição do dicionário da novilíngua orwelliana: para uma noção, um só conceito, uma só palavra — mediante o que se tornará possível, com o tempo, encontrar esse corpus rígido, e chamá-lo ''língua morta''. Ficção científica?

Ativando-se assim em todas as frentes — de um lado, proteger-se contra uma diversidade e uma flexibilidade excessivas da linguagem, de outro, conjurar os perigos de um pretenso totalitarismo do

* Isto é, ''mentira'', ''ilusão''. (N.T.)

pensamento, operações cujos resultados acabam por se reunir —, será possível efetuar simultaneamente operações paradoxais: ao mesmo tempo estiolar a comunidade social e a comunidade de pensamento, e tornar ecléticos, dispersando-os, os fundamentos doutrinais do conhecimento psicanalítico assim como os da sua prática. Trapalhões da psicanálise, o medo das transferências sobre um mestre, qualquer que fosse ele, a obstinação de evitar não se sabe que forças imaginárias, que no entanto são proclamadas como nosso objeto e nosso instrumento de trabalho, os levam muitas vezes a se embrenhar nessa redução de dupla face. Assim, pode-se eventualmente notar que o afastamento das partes decretadas "devaneio" ["*fantaisie*"] da obra de Freud — a maioria dos textos referindo-se à cultura, à civilização, e particularmente aqueles ligados aos fenômenos religiosos, à transmissão psíquica das fantasias de origem[19] e à questão do pai — tem alguma relação com uma esperança de "esquecimento", o do funcionamento às vezes ameaçador do objeto da psicanálise, inclusive quanto aos seus efeitos sobre os psicanalistas.

# Infâncias

*De repente, eu adormecia, caía no sono pesado em que se desvelam para nós a volta à juventude, aos anos passados, aos sentimentos perdidos, a desencarnação, a transmigração das almas, a evocação dos mortos, as ilusões da loucura, a regressão para os reinos mais elementares da natureza (dizem que vemos animais em sonhos, mas esquecem quase sempre que neles somos um animal privado dessa razão que projeta sobre as coisas a luz da certeza; pelo contrário, só oferecemos ao espetáculo da vida uma visão duvidosa e a cada passo aniquilada pelo esquecimento, desvanecendo-se a realidade precedente diante daquela que lhe sucede, como uma projeção de lanterna mágica diante da seguinte quando se muda a lente), todos esses mistérios que pensamos não conhecer e aos quais somos, na verdade, iniciados todas as noites...*

MARCEL PROUST*

Desde o início deste texto, evoquei com insistência Freud e Winnicott, dois "grandes" psicanalistas sem dúvida, mas que na "cultura" psicanalítica comum (aquela que resta depois que se esqueceu tudo) parecem diametralmente opostos. Se tracei um paralelo entre os dois — enquanto o segundo, embo-

* Marcel Proust, *À sombra das raparigas em flor.*

ra se refira ao primeiro, tem um percurso completamente original e aborda sob um ângulo que lhe é próprio fenômenos e momentos da vida psíquica que não são os que mais detiveram a atenção de Freud; enquanto, além disso, o nome de Winnicott permaneceu ligado à exploração do registro das relações entre a criança e sua mãe, quando o de Freud está basicamente ligado, para inveja de alguns, à função paterna na vida psíquica — é por motivos muito precisos. Cada um deles parece ter sido formado e transformado, em suas maneiras de ver e de compreender o conjunto dos problemas com que pode deparar o ser humano em todos os aspectos da sua vida e da sua curiosidade, pelo pensamento e pela prática psicanalíticos. Estes foram evidentemente transformados por seu "comércio com a psicanálise". Mais ainda, e mais perto de meu objetivo, cada um deles reportou *à própria psicanálise*, sob todos os ângulos que nela lhes interessavam, o que a psicanálise ensinava. Parece que esse traço é pouco freqüente.

Freud não escrevera, com uma certa melancolia: "Que a psicanálise não tenha tornado melhores, mais dignos, os próprios analistas, que ela não tenha contribuído para a formação do caráter, é para mim uma decepção. Talvez eu tenha errado ao esperar esse resultado."?[1] Certamente, nem o próprio Freud nem Winnicott se enquadram nessa observação. Tanto o "caráter" quanto a percepção inteira são, em ambos, evidentemente marcados pela experiência da psicanálise, por sua inscrição no patrimônio íntimo de cada um.

Para esses dois homens, a teoria ou as teorias construídas, desenvolvidas, foram relacionadas com a própria situação psicanalítica, a do "tratamento". Para Freud, no próprio nível da invenção, pois a da situação analítica é indissociável da invenção da psicanálise inteira. Para Winnicott — como se pode ler em sua obra, mas isso aparece hoje com mais força ainda em suas cartas — é continuamente, com a prática do psicanalista, com o que ele vive e com o que vivem os pacientes durante a sessão, que são articuladas as suas observações e construções sobre as fases mais precoces da existência de um ser humano. Assim, ambos *deram seqüência* ao que a experiência psicanalítica traz: seqüência na compreensão das transferências e do projeto de "cura" no registro do tratamento, seqüência também numa meditação constante sobre o que acontece na sociedade em geral, na Sociedade psicanalítica em particular, e na evolução da psicanálise. Há ausência, em ambos, de um traço notável na maioria dos analistas, o da extraordinária clivagem que os faz designar, em seus pacientes, o que continuam a desconhecer em si mesmos, pôr em prática em seus projetos psicanalíticos ou terapêuticos construções interpretativas que não aplicam a si mesmos. Clivagem talvez necessária, às vezes, à higiene psíquica dos psicanalistas em sua vida cotidiana, e que por isso evoco sem nenhuma ironia. Mas essa clivagem se torna mais impressionante, e talvez mais tóxica, quando, de tanto ignorar a violência em alguns de seus próprios afetos de *transferência* — isto é, enquanto testemunhas de processos inconscientes fundamentais que se revivem *a dois* na sessão —, eles passam ao largo de coisas no mínimo sérias, ou as provocam; quando também, no funcionamento de suas "comunidades", sociais e de pensamento, evitam cuidadosamente o risco de combates abertos, de confrontos explícitos que lhes permitiriam talvez enfrentar aquilo que, em razão precisamente de certas coordenadas recalcadas sobre as quais a psicanálise é esclarecedora, os divide com alguma legitimidade; quando, por meio de uma sedição que perturbaria suas ideologias e suas ordens instituídas, eles se empenham em guerras surdas,[2] a respeito das quais a grande e a pequena história das instituições psicanalíticas mostraram suficientemente a que ponto elas podiam levar: rupturas destruidoras, separações internas incontornáveis, com uma freqüência especialmente notável na França.

Contra esses fenômenos e esses enganos, Winnicott e Freud batalharam ativamente, o primeiro denunciando-os sem cessar na sua Sociedade, encurralando-os em sua teoria da prática analítica, o segundo teorizando-os em diferentes registros: o da pulsão de morte, o dos fenômenos religiosos, o da psicologia das massas, e globalmente o que se refere à civilização e seu mal-estar. E pode-se dizer que, nem de um nem de outro, naquilo que a cultura psicanalítica, e simplesmente a cultura, faz principalmente circular de suas obras, não se retiveram os aspectos mais decisivos do que as suas teorizações sobre a *violência inconsciente*, violência do inconsciente, contribuem para a compreensão dos princípios essenciais da psicanálise e do seu destino — principalmente o atual. O que a "revolução psicanalítica" trouxe, diversamente, por seu pensamento e por seu tratamento, a audácia sem concessões de suas opiniões sobre os "progressos" no funcionamento de ambos, a psicanálise considerada em seu conjunto não o cumpriu (não ainda?) no interior de si mesma, como disciplina e como ambiente. E muitas vezes, do interior de si mesma, ela o rejeita. Acarretando como conseqüência que, não aceito pelo pensamento, isso se manifeste ainda mais cegamente, seja nas pequenas concessões adaptadoras ou nos abalos brutais, que, ambos, a abastardam da mesma forma. O que se pode apreender disso é o que todos podem constatar: o estado de coisas, o que se deixa descrever. O resto, o fundo do problema, só se pode construí-lo, e isso, o que da psicanálise depende fundamentalmente de "construções", é o que é menos "estimado". Isso não é "dado", não é "sólido" —, e, além do mais, isso nos dá de nós mesmos, seres humanos, uma imagem pouco agradável. Isso será chamado "fantasia", "devaneio" ["*fantaisie*"].

Muitas correntes psicanalíticas, durante a história de disciplina, e ainda hoje entre os defensores da "renovação clínica", afastaram o que se refere à destrutividade e ao horror. Assim, paradoxalmente, esses pesquisadores da memória inconsciente, do reencontro da memória perdida, preferem suprimir construções inteiras da memória. Descobridores de "traços mnêmicos", fazem entre eles uma triagem, ou uma escolha, como na metáfora de Freud citando Victor Hugo sobre a maneira de reconhecer uma feiticeira entre as outras mulheres: cozinhá-las, depois prová-las, e declarar enfim com certeza: "Esta era uma feiticeira, aquela não." Assim, os signos, ou os traços que manifestam a existência daquilo que Freud chamou pulsão de morte nunca conseguiram a unanimidade da comunidade psicanalítica. Como artefatos, formações reativas, ou conceitos puramente especulativos, pôde-se atribuir-lhes um pequeno lugar. Mais geralmente, declarou-se o conceito inútil, seja ao rejeitá-lo, seja, às vezes, ao parecer adotá-lo, mas não lhe dando nenhuma seqüência. Os vestígios de uma idade de ouro da infância, que as complicações posteriores da vida psíquica viriam infelizmente estragar, são mais bem tolerados na "teoria", embora suas provas, para o analista, sejam exatamente da mesma natureza: sintomas, fantasias e transferência no tratamento. A opinião pública psicanalítica — e a não-psicanalítica — tem talvez, nesse ponto, alguns pressupostos. Parece que, em matéria de vestígios e de restos da infância, em matéria de concepções das épocas arcaicas recalcadas, existe mais de uma definição. E, sem dúvida nenhuma, mais de uma definição de infância.

A 3 de fevereiro de 1956, Winnicott escreve, com muito humor, a Joan Rivière, que foi uma de suas psicanalistas: "Meu problema, quando comecei a falar com Melanie [Klein] da sua descrição da primeira infância foi que senti que estava falando de vermelho com um daltônico."[3] Essa fórmula é absolutamente pertinente, é ela que conviria ao que acontece hoje — como talvez aconteceu ontem — quando se evocam os fenômenos construídos por Freud (e como Winnicott, a partir do que encontra em sua prática, mesmo que não seja a mesma "clínica") nas obras ditas mitológicas, sociológicas ou de ficção, onde procura explicar as pulsões de morte e seus pontos de partida. Na alusão de Winnicott, trata-se também de fenômenos agressivos e de destrutividade no começo: mas, em ambos os casos, o começo não se situa nem no mesmo tempo nem na mesma relação. Entretanto, nas duas teorizações, há "assassinato" na origem — e a convergência não prova outra coisa, nesses sistemas de pensamento tão diferentes, a não ser a audácia e a lucidez de dois clínicos e de dois pensadores. A transferência e a observação lhes designam uma realidade da mesma ordem, no tratamento. As construções explicativas serão diferentes, mas, nos dois casos, ocorrerão. E o exemplo de Winnicott — de quem não sou, de modo algum, "discípula" — é aqui particularmente impressionante, pois este é geralmente tomado, exatamente ao contrário de Freud, como porta-bandeira de uma *maternalização* militante da prática e da teoria. É porque tudo depende, e é ele que vem prová-lo hoje de modo surpreendente, da representação e da imagem que alguns analistas (e não-analistas) podem fazer do "maternal". Quanto a esse deslocamento da reflexão, é a meu propósito, neste texto, que esse autor pode servir de porta-bandeira: não se poderia encontrar um mais notável, como freudiano não-conforme aos estereótipos, isto é, como psicanalista de pleno direito e também inteiramente isento de submissão. Temível opositor como são os espíritos independentes e que não se intimidam com as discordâncias de posição — menos temível entretanto do que aqueles que as evitam e as atuam ainda mais violentamente, sem medir.

Assim, Winnicott não apreciava a noção de pulsão de morte. Escreve ele, por exemplo, a um correspondente — e sua preocupação se refere, ao menos tanto quanto à própria noção, às *maneiras de falar* entre psicanalistas, à necessidade de *explicitar* o que recobrem as palavras que cada um utiliza, a fim de encontrar na Sociedade uma linguagem comum, ao invés de deixar circular silenciosamente conceitos que, na verdade, não são aceitos por todos: "Em algum momento, quando não tiver nada para fazer, poderia tentar reescrever essa frase sem as palavras 'pulsão de morte', só para mim?"[4] A observação é ao mesmo tempo divertida e séria. Pois não é por seu conteúdo de destrutividade que Winnicott recusa essa denominação tão essencial para Freud. Isso, ao contrário, ele o aceita plenamente. Mas é porque pensa que Freud se enganou de designação em razão do fato de não ter "compreendido" com o que se devia relacionar a destrutividade. É a questão da sua *origem* que se levanta. Mesma objeção apresentada, firmemente mas sem animosidade nem rejeição, a Freud e aos kleinianos: ele concorda plenamente em que a pulsão agressiva seja básica, mas, escreve ele, se Freud a introduziu, "é porque não tinha a menor noção da *pulsão amorosa primária*".[5]

E ali, estranhamente, na própria crítica, algo se encontra com o procedimento freudiano. Os que dizem "pulsão de morte", afirma Winnicott, usam essa palavra em lugar de "agressividade" e de "ódio", *inerentes à pulsão amorosa primária*. Com o aspecto biológico-metapsicológico do conceito freudiano (tendência do orgânico a voltar ao estado inorgânico, do animado a voltar ao estado inanimado), Winnicott não concorda. Mas quanto ao que no amor é *odioso* (e mais decisivamente ainda: mortífero), e sobre o fato de que esse traço está presente na origem, a concordância é completa. Ela o será também nas conseqüências dessas constatações sobre uma certa maneira de conceber-lhes as seqüências na prática psicanalítica. Pelos dois autores, uma teoria dos *começos* será construída. E pelos dois, uma reflexão sobre o "amor" será desenvolvida: a "terapia do amor", descrita sob aspectos romanescos tão idílicos no comentário de Freud à *Gradiva* de Jensen, e que os nossos adeptos da "renovação clínica" prezam tanto, assume então uma face completamente diferente. O amor, sem dúvida, mas perigoso e forçosamente terrível, embora seja ele que "leva a entrar em relação", diz Winnicott, "a ligar e a construir conjuntos cada vez maiores", diz Freud. Como a palavra "amor", a noção de "maternal", refúgio de um dos nossos imaginários mais apaziguadores — e principalmente para os psicanalistas que acham que devem fornecer em última instância, aos seus pacientes, o reencontro com uma "mãe" inteiramente oblativa do começo — perde algo do seu poder tranqüilizante. É notável que seja assim para Winnicott, mais do que para Freud, quanto à figura da própria mãe, sendo que o segundo procede a uma passagem para o "paternal", concomitante a uma sexualização da mãe, mais do que a uma descrição "agressivada" da mãe como tal.

É porque estão envolvidas duas concepções bem diferentes da "infância", de duas vias psicanalíticas divergentes, que podem exemplarmente coexistir sem se anular. E no entanto, nesse ponto, as teorias vão caminhar em registros completamente heterogêneos. Parece que o mais inaceitável, na cultura de hoje, continua sendo, decididamente, o de Freud — como será depois o de Lacan. E isso, continua a nosso cargo tentar discernir-lhe as coordenadas. A menos que se proceda com o pensamento do fundador como com as feiticeiras: isto é "bom" Freud, conserve-se; aquilo é "mau" Freud, jogue-se fora. Não que uma sacralização qualquer deva nos paralisar. Mas, além do fato de que, em sua marcha, os diferentes elementos desenvolvidos ao longo do tempo se comandam reciprocamente, não é sem interesse levantar os pontos em que se tornou corrente dizer (a formulação é assaz humorística, se se pensa na natureza estritamente não-empírica, não-positivista da construção freudiana, como modo de conhecimento) que "Freud se enganou". Esses pontos se ligam entre si, são da mesma natureza e, *grosso modo*, se referem todos às mesmas realidades psíquicas, todos pertencem aos mesmos procedimentos de pensamento.

Quanto a uma *precessão* da agressividade, da destrutividade na própria concepção do amor e das primeiras relações, a experiência psicanalítica parece ter levado Winnicott, tanto quanto Freud, a conclusões semelhantes. Mas é na maneira de abordar teoricamente essa precessão que os procedimentos serão completamente diferentes. E a comparação entre os dois pode, eventualmente, permitir que se apreenda aquilo que, no segundo (segundo do ponto de vista da história da psicanálise) parece mais admissível, mais fácil de absorver — ainda que, como vimos, se tenha privilegiado outros aspectos de sua teoria, de preferência a este — do que no primeiro. É em reflexões do próprio Winnicott que podemos encontrar elementos de explicação, na medida em que suas reservas sobre os aspectos em questão do pensamento freudiano se enunciam claramente, sem pretensão nem má vontade. Elas parecem partir, como as da "renovação clínica", da observação dos recém-nascidos e de um estado de fato da relação psicanalítica, mas não dissimulam o laço que têm com a personalidade e as opiniões de seu autor, e principalmente declaram os limites históricos e teóricos nos quais desejam se inscrever. Desse modo, incitam elas a que se levante, a seu respeito, um *verdadeiro* problema para a psicanálise de hoje.

Já consciente de que, na Sociedade britânica de psicanálise, utiliza-se a palavra "pulsão de morte" não só, como vimos, "em lugar da palavra 'agressividade' ou 'necessidade de destruir' ou 'ódio' ", mas também "de um modo que teria horrorizado Freud, estou certo disso",[6] Winnicott tomará, numa carta mais tardia, uma posição muito firme e muito simplesmente declarada quanto às relações que os psicanalistas contemporâneos, ou pelo menos ele próprio, podem manter com a história do pensamento freudiano, e principalmente com a metapsicologia. Isso se encontra especificamente numa carta a Balint, de 5 de fevereiro de 1960, que é de extremo interesse. Balint, ao que parece, numa conferência, se inspirara, para uma parte de seu próprio ponto de vista, nos escritos de Freud. Winnicott afirma que o inveja por saber proceder assim, e por conhecer tão bem o modo pelo qual as coisas se desenvolveram nos primeiros tempos da psicanálise. Mas observa com finura que todo esse procedimento lhe parece "ter algo a ver com a história da teoria psicanalítica", exercício de que, acrescenta, ele mesmo seria "incapaz de participar, embora pudesse ver-lhe a importância". Assim também, esclarece, não teria sido capaz de intervir numa discussão metapsicológica. "Começo apenas a distinguir uma luz, de modo que, se eu viver o tempo suficiente, tenho a impressão de que poderei talvez fazer isso de vez em quando."[7] Não seria exagero perceber alguma ironia na modéstia dessas declarações, que, oficialmente, parecem insistir nas limitações do seu autor. Mas as poucas linhas que se seguem têm implicações bem diferentes para nós: "Entretanto, sinto realmente que sempre pensarei que a maneira pela qual Freud se contradisse, e pouco a pouco estimulou o pensamento com novas hipóteses, é relativamente sem importância. Dentro de dez ou vinte anos, as pessoas que se preocupam com isso estarão todas mortas."[8]

Isso desenha sem ambigüidade os contornos de nossa paisagem. Já se passaram trinta anos dessa declaração... Esta pode, aliás, parecer contradizer um pouco as linhas em que Winnicott se queixa dos que "consideram Freud como óbvio e só querem suplantá-lo, em vez de enriquecê-lo com seus próprios trabalhos", mas está bem assim. Levantou-se um problema.

A história do pensamento psicanalítico freudiano seria pois, segundo essas poucas frases, muito importante enquanto tal, assim como a sua metapsicologia, mas — extrapolemos um pouco — a psicanálise, em suma, não é a história da psicanálise. Ela é o estado, hoje, dessa história, seu resultado contemporâneo, enriquecimento a ser enriquecido. Deter-se nessa história seria pois, de certo modo, supérfluo — a não ser para fazer História, reconhecer que somos oriundos dela, e passar para outros exercícios. Raciocínio que certamente conviria, embora os nossos modernos "clínicos puros", profissionais da psicoterapia (uma "psic-análise" sem metapsicologia e sem história), não se tenham dado ao trabalho de pensar verdadeiramente nisso. Mas não é isso que faz Winnicott, que incorporou a teoria freudiana e seus avanços sucessivos, e, a partir daí, desenvolveu seus próprios procedimentos. E ofereceu-nos, de passagem, a ocasião de refletir no status particular da história das idéias da psicanálise, especialmente na obra de Freud, e no lugar que ela ocupa nos métodos de pensamento e de prática de cada psicanalista, hoje.

Se a psicanálise não é certamente a história da psicanálise, é importante, entretanto, *ler* ativamente a obra de Freud não como um livro fechado, um *corpus* acabado doravante à nossa disposição para ser aprendido e apropriado uma vez por todas. Cada um dos empreendimentos de Freud, passo a passo, não reproduz outra vez os lances da descoberta da psicanálise, e esse próprio movimento de constante volta ao jogo dos lances não é a nossa herança, mais ainda, talvez, do que os conteúdos propriamente ditos? Nisso a obra de Freud se enquadraria na frase de Goethe, por ele mesmo citada mais de uma vez, para falar da transmissão psíquica das experiências arcaicas da humanidade — noção para a qual eu caminho: "O que herdaste dos teus pais, é preciso que o conquistes, se quiseres possuí-lo." O "freudismo" não se aprende nem se conserva como outros modos de conhecimento, em que o saber, cumulativo, pode ser fixado. Descoberta perpétua que não pode se objetivar porque diz respeito a processos psíquicos inconscientes que, para os psicanalistas e para os outros seres humanos, não param de tender para o recalque, a recusa, o esquecimento, pode tornar-se parte do patrimônio psíquico de alguém, numa marcha muito lenta, com seus avanços e seus recuos, ativamente reconduzida, sem parar. É isso que preside à concepção, que se poderá achar um tanto enfática, da formação dos psicanalistas — como à da interminabilidade da sua própria análise. E é isso que faz com que o percurso inesgotável das descobertas de Freud se torne, a cada vez, a redescoberta de cada um. Percurso iniciático? Levando-se em conta que "o conjunto dos seres humanos se apega aos seus recalques infantis",[9] seria surpreendente que precisamente os psicanalistas se acreditassem os únicos isentos desse apego, dispensados da necessidade de subir continuamente a sua corrente — eles cuja tarefa cotidiana é enfrentar a lenta cura das neuroses, que dependem precisamente do caráter patogênico desses recalques sem fim. Seríamos nós os únicos a dever fechar o livro dessas realidades, mais ainda que os outros livros? Jean Starobinski, que não é psicanalista, escreveu sobre Cassirer, que também não o era, esta bela frase: "Sua maneira de combater pelas causas que lhe eram caras consistia em remontar às suas fontes intelectuais, em reler os grandes textos fundadores."[10] É porque os grandes textos fundadores não ligam para o tempo que passa ou os ultrapassa: eles não param de fundar.

É talvez por causa da maneira pela qual um assume esse registro e outro não tende para ele, que Freud e Winnicott trataram diferentemente da questão da precessão da destrutividade sobre o amor, ou da destrutividade amorosa. Onde o segundo a apreendeu no começo da vida do lactente — e até antes, na "preocupação materna primária" da mulher grávida — e a tomou como *inerente* a esse estado do começo, o primeiro, que também reconheceu-lhe a primazia nos mecanismos psíquicos do filhote humano, foi, de subida em subida, procurar-lhe a *origem*, ou antes a etiologia, nos tempos arcaicos da evolução da humanidade. Para um, ela está no início da vida, para o outro, ela é original na espécie, talvez até originária. Duas visões da infância: para Winnicott, a criança, na aurora de sua vida, para Freud, a infância do homem. Falando do *infans*, Freud não deixara de sublinhar, mas apenas em uma nota, que só se podia falar dele "com a condição de incluir os cuidados maternos" (conjunto que é exatamente aquele a que Winnicott se consagrou); depois disso, de crianças em sua infância "real", exceto o pequeno Hans, quase não tratou mais — a não ser, significativamente, na evocação de um pequeno paciente de Ferenczi, e ainda foi para defender as teses "devaneadoras" ["*fantaisistes*"] de "Totem e tabu". Indubitavelmente, esse homem não tinha muita consideração pela "criança": a vida, escreveu ele quando a sua se aproximava do fim, com laivos de desdém, não é uma creche. Que isso agrade ou não, a infância de que Freud inaugurou fundamentalmente o estudo, era o *infantil*, um dado do psiquismo humano, a persistência nele do arcaico "pré-histórico" da vida de cada indivíduo, o que é para todos eles objeto de uma amnésia. Dessa pré-história, ele subiu, à medida que caminhava em sua obra, até a pré-história da humanidade, e apresentou essa idéia louca, de que ela estava ao mesmo tempo incorporada nas instâncias de seu aparelho psíquico e presente em seu inconsciente. Mas a noção de inconsciente, ou de *isso*, como a chamou mais tarde, não é, ela própria, uma idéia louca?

Importa notar que essas concepções relativas à presença no inconsciente dos dados arcaicos da humanidade não lhe vieram de modo puramente abstrato, mas sim de fontes ''clínicas'': para compreender certos aspectos do sonho desde *A Interpretação dos sonhos*; para poder interpretar a recorrência e a regularidade estrutural das fantasias edipianas e de castração no *Homem dos lobos*; para explicar a existência de certos núcleos temáticos nos ''delírios'' de certos doentes, a partir de um certo momento de suas experiências clínicas, e até o fim, nas que originaram ''Moisés e o monoteísmo''. Pode-se até remontar, para procurar a pista dessas intuições, ligadas certamente ao seu interesse pela *Origem das espécies*, ao período pré-psicanalítico: aquele em que, estudando a histeria nos anos 1890, via nela e nos seus sintomas um tipo de fósseis, testemunhas de um momento da história psíquica em que o aparecimento das palavras estava ligado ao corpo, e, declarando, a respeito das histéricas, que ''elas tomavam as palavras ao pé da letra'', designava essa neurose como ''darwiniana''.[11]

Para pensar a infância e suas manifestações no tratamento analítico, Winnicott remonta pois ao papel e à natureza do primeiro meio ambiente da vida, antes e depois do nascimento: no princípio, era a criança com sua mãe, e a luta pela vida, a partir da agressividade inicial. Por sua vez, Freud, focalizando sua atenção, antes de mais nada, sobre a sexualidade e suas formas, sobre os "complexos" de Édipo e de castração, olha a infância como a infância do homem, a da espécie, para encontrar nela as condições do aparecimento desses dados infantis do inconsciente, condições de invenção da própria situação psicanalítica e de sua teoria. Para chegar a esta conclusão estranha, que é para ele um novo ponto de partida, aquele a partir do qual alguns psicanalistas convidam a considerá-lo como estritamente devaneador [*fantaisiste*]: no princípio era o Ato, o assassínio do pai da horda primitiva. Os últimos textos, os que tratam da religião e da civilização, da *Kultur*, deveriam ser expurgados da obra, a título de puras ficções, como desejariam alguns. Nesse ponto, lembre-se que o conjunto criança-mãe precedentemente evocado, e que parece pertencer a uma observação tão totalmente concreta, é logo qualificado por Freud como "ficção teórica", assim como seus estudos de casos, tão solidamente clínicos, são comparados por ele a "romances".

De uma ou outra natureza, as construções freudianas não deveriam então ser todas relegadas ao mundo da ficção? Com a água do banho, poder-se-á também jogar fora as "ficções" de nossos pacientes, isto é, as fantasias que regem sua vida psíquica. A menos que se admita — e Winnicott, tão longe de tudo isso, nos ajudaria — que a fantasia já infiltra o funcionamento do "ambiente precoce", quando é de um filhote humano que se trata.

Para Freud, é a preocupação que ele tem com a espécie que dá todo o seu relevo às neuroses individuais: restos da evolução e efeitos da civilização, elas estão ligadas ao devir humano do homem, durante o qual se constituíram as formações do inconsciente. Dessa "humanidade", elas constituem o privilégio e o preço a pagar, mal-estar da civilização. De toda essa preocupação com a espécie, a "psicologia do indivíduo", que é a de Freud, com sua teoria fundamental da etiologia sexual das neuroses, não cessa de dar testemunho, até em sua linguagem. Ele diz "o filhote humano", o "infans", a humanidade. Ele diz, para caracterizar a criança, *Hilflosigkeit*, estado de prematuração e de despojamento primário do filhote humano. Compara-o, para explicar o período de latência, em que se constitui a amnésia dos acontecimentos psíquicos da infância, ao período glaciário.[12] Todas essas palavras assinalam que a espécie humana nunca é esquecida como moldura e presença íntima em cada indivíduo, razão mesma da existência do inconsciente, e que lhe dá razão. Descentralização prodigiosa que a psicanálise impõe à psicologia individual — suprema ferida narcísica, diz Freud. Terá ela sido verdadeiramente assumida hoje?

Nada é menos seguro, como prova o fato de que os detratores das ficções, dos "mitos" construídos por Freud em suas reflexões sobre a cultura, acabem esquecendo que é o mesmo que, com os mesmos procedimentos e com a mesma preocupação "clínica", inventou *para eles*, para nós, a situação analítica e seu nome de *cura*, de tratamento das doenças do espírito, visando o restabelecimento — e isso do interior do famoso pessimismo freudiano sobre o que a humanidade faz consigo mesma. Nesse contexto se inscreve talvez aquilo que os psicanalistas fazem consigo mesmos: eles que, ou pelo menos uma parte deles, numa parte de cada um deles talvez, e em relação a essa "terceira ferida narcísica", e à dívida ambígua que é a deles para com a pesada herança que lhes coube, parecem continuar sendo, seja o que for que pretendam, homens do ressentimento.

# Tratamento de amor?

*[Ele] se contraía e saltava com uma agilidade feroz de tigre [...] E o que havia em sua atitude de mais terrível do que o impulso da fera, que cumpre na inocência de seu coração uma função natural, era esse frenesi de fria ferocidade, de que só o homem é capaz [...]. Agora, estava evidente que ele só queria matar, nada mais. Ele o desejava com uma intensidade de vontade perfeitamente estranha às faculdades inferiores do tigre.*

JOSEPH CONRAD*

Creio que se pode afirmar que a maioria dos psicanalistas interrogados sobre o que lhes parece mais importante nas idéias de Winnicott responderia mencionando duas noções: a do objeto transicional e a do "falso self". Do mesmo modo, questionados

* Joseph Conrad, em sua novela "O duelo", da qual são extraídas essas linhas, expõe magnificamente a luta íntima de dois indivíduos ao longo do tempo, tal como ela se tece na trama histórica, coletiva, do apogeu e do declínio das guerras napoleônicas. Essa obra é um eco romanesco, totalmente autônomo em relação a toda teoria, do tema que será objeto da reflexão freudiana sobre as relações, na noção de *Kultur* (civilização), entre a vida psíquica individual, a história coletiva e a da espécie, principalmente quanto à guerra.

sobre o que é para eles mais impressionante em sua atitude pessoal em relação *às* teorias psicanalíticas que na Sociedade britânica coexistiam sem ruptura institucional, pode-se supor que seriam citados a sua tolerância e o seu não-conformismo. Quando às suas contribuições clínicas, não duvido de que ficaria em primeiro lugar a promoção da "mãe suficientemente boa" e de seu "cuidar" (*holding*) da criança. Figura exemplar de um grande clínico e de um generoso humanista da psicanálise, acolhia os trajetos pessoais de cada um, e, durante o tratamento, era quase como a encarnação da mãe amparando a criança.

Como já declarei por várias vezes, e como outros já observaram, as *Lettres vives* abalam essa imagem angelical e deslocam os acentos conceituais. Numa carta importante a Balint — teórico daquilo que, no ambiente precoce da criança, acontece em caso de insuficiência e que ele chama "falta fundamental", e também apóstolo do tratamento como "novo começo" (*new beginning*) —, Winnicott manifesta seu interesse por essa abordagem que precedeu a sua, mas enfatiza implacavelmente: "O ponto em que não concordo mais com você é o aspecto positivo, e devo dizer que não tenho realmente a resposta [...]. Meu desacordo aumenta com o seu emprego da palavra "harmonioso" na descrição da relação que você chama amor primário. Logo que se emprega a palavra "harmonioso", sinto e sei que uma organização defensiva das mais complexas e sofisticadas está em funcionamento na criança, que cessou então de ser um recém-nascido."[1] Frase muito forte, que poderia qualificar tanto as representações do psicanalista sobre a primeira relação mãe-criança, quanto essa própria relação. A "harmonia" já é uma construção, resultado de um trabalho psíquico, e essa construção já é defensiva.

De sua própria concepção do "amor primário", Winnicott deduzirá todas as conseqüências, depois de tê-lo definido com insistência. O começo da personalidade é a não-integração;[2] só se a ultrapassa atravessando o campo pulsional individual.[3] Insiste ele em que não se deve, quando se fala da mãe no sentido dos seus escritos, qualificá-la de boa, *good*, deve-se sempre precisar *good enough*, suficientemente boa (temos vontade de dizer: boa o bastante). De fato, *good enough* se refere à falta original da mãe, tão inevitável e tão necessária — como também será, forçosamente, a do psicanalista —, e, através dessa precisão, evita-se ao leitor, ao consumidor, ao psicanalista, "a sentimentalidade e a idealização".[4] Há nos seres humanos algo que lhes é inerente desde o início, e que é da ordem da procura de uma presa e do seu ataque, e a idéia da necessidade de comida, a imagem do "bebê querendo comer a mãe", não são suficientes. Trata-se da "impiedosa pulsão de amor primário, na qual o corpo — o seio — da mãe (ou qualquer que seja o nome que se lhe dê) sofre um ataque impiedoso, e cujo resultado é a extração, a devoração e a destruição de alguma coisa importante".[5] E não nos enganemos, como faz, no fundo, segundo Winnicott, Melanie Klein, que está entretanto na origem dessas idéias, em que ela leva a extremos tanto o "estágio oral" de Abraham quanto a pulsão de morte de Freud: "O 'seio bom' não é uma coisa, é um nome dado a uma técnica."[6] Por si só, esta última observação vai muito longe quanto à representação winnicottiana do papel do ambiente, e mais geralmente quanto à sua concepção da "realidade", nisso muito freudiana: os "objetos" da pulsão, do amor, não são coisas nem seres coisificados; são *psiquizados*, inscritos em relações de função, de processos, escorados em necessidades, e, muito cedo, já carregados de fantasias.

Poder-se-iam multiplicar as citações, recitar todo o livro, em que o mais obscuro da vida do espírito e do corpo é comunicado da maneira mais esclarecedora. O suave Winnicott não dá colher de chá a ninguém, nem a si mesmo, quanto à realidade psíquica. Ele discute com os outros, de homem para homem, mas não transige nem com as idealizações nem com as teorizações que acha inexatas. Daí, uma opinião sem concessões nem ilusões tranqüilizadoras sobre o que acontece no próprio tratamento, ao analista e ao paciente. Opinião muito construtiva, entretanto, no sentido em que, a seu ver, só um conhecimento lúcido dos riscos que se corre e, precisamente, dos erros possíveis, permite trabalhar nesse registro. De fato, a situação analítica reproduzirá inevitavelmente os horrores e as destruições que foram inerentes ao ambiente precoce e que habitam o inconsciente: ela os reconduzirá também para o analista. E encontram-se nesse clínico extraordinário, nesse homem lúcido, reflexões de rara clarividência na observação e na auto-observação dos perigos do tratamento analítico — que nossos modernos clínicos da renovação, tão delicadamente, tornaram insípido. Trata-se do ódio e às vezes mais que isso, quando se encontra representada ou recuperada a relação mais arcaica: "A fantasia ainda não foi aceita, e não há ódio, *apenas assassinato*".[7] Frase já encontrada, que evoca nesse contexto, bem mais do que as do discípulo de Ferenczi que era Balint, o ambiente vivido pelo próprio Ferenczi no terrível dilaceramento que se conhece, quando anotava, a respeito de uma paciente: "Uma cólera incomensurável, um furor inexprimível, matar, matar, só matar."[8]

A essa destruição, nesse "trabalho cruel" em que a análise corre o risco de ser destruída, assim como, psiquicamente, o analista, o clínico pode chegar a responder, ele próprio, pelo ódio. E mais uma vez, nenhuma auto-dissimulação, nenhum sentimentalismo: "Em certos momentos, o paciente pode se sentir aliviado quando se diz a ele que é odiado."[9] Se há anticonformismo em Winnicott, ele está nesse reconhecimento, no terapeuta, daquilo que, neste ou naquele caso, neste ou naquele momento, não pode deixar de ocorrer a todos os terapeutas, e cuja ocultação, para si mesmos e entre os outros analistas, só pode ser surdamente nociva. Pois o que é grave não é o ódio assim tomado em consideração, e que, de qualquer forma, o inconsciente transporta; é o que, uma vez absorvido todo o ódio, levaria a *represálias*.

A questão de "sobreviver sem usar de represálias" é retomada por Winnicott mais de uma vez. Ela diz respeito ao analista, diz respeito à "mãe". Observações surpreendentes, que vão até a confissão de seus próprios erros e dificuldades, relato, por exemplo, do que lhe acontece nesses momentos da análise, em que, depois de períodos muito duros de regressão à dependência para o paciente, ele, o analista, pode relaxar: "É muitas vezes o momento dos meus *desvios de conduta* [...], o alívio de não ter mais que me adaptar de modo tão artificial — muito além do que eu poderia fazer na minha vida privada."[10] Observações autobiográficas que se igualam em intensidade e em alcance ao que Freud teoriza em "Análise terminável e interminável", quando este evoca os perigos, para os analistas e seus pacientes, da freqüentação cotidiana do pulsional do inconsciente, se os analistas "permanecerem como são", isto é, se se isentarem a si mesmos do que implica a psicanálise.

Confidências epistolares que não devem cair em todas as mãos? Os pacientes reais ou virtuais não mereceriam medir, tanto quanto possível, aquilo em que se empenham verdadeiramente, quando é de psicanálise que se trata? E principalmente não é urgente que os próprios psicanalistas se lembrem disso? Sem isso, produz-se aquilo a que assistimos hoje tantas vezes: novas precauções, novas necessidades de acomodar a psicanálise, de lhe dar formas cada vez mais edulcoradas. E, ao contrário, insistência crescente de um mal-entendido sobre outras modalidades do que é freqüentemente chamado ‘‘novidade’’, do lado em que as pessoas gostam de dizer que é a psicanálise de ‘‘modelo antigo’’ que seria excessivamente edulcorada. É importante, de fato, lembrar sempre que os aspectos ‘‘duros’’ da teoria e da prática não poderiam ser sistematicamente classificados, nem em Winnicott nem em outros, na categoria doravante muito em voga das ‘‘novas patologias’’ que se apresentam à análise: síndromes narcísicas, *border-lines*, ou psicóticos que demandariam, como se diz, uma revisão da doutrina e da técnica. Trata-se na realidade, em muitos casos, de *neuroses*, essas neuroses difíceis de viver e de tratar que sempre foram tarefa da psicanálise, e que ocasionaram o seu núcleo essencial: a teoria de sua etiologia sexual. Alimentar a idéia de que a ‘‘doutrina’’ psicanalítica das neuroses nos teria deixado como herança doenças psíquicas tratáveis de maneira tranqüilamente codificada por uma abordagem ‘‘tradicional’’, que as patologias atuais viriam contradizer e subverter de alto a baixo, é esquecer os casos apresentados pelo próprio Freud. Se um Winnicott, especialmente atento aos primeiros momentos da vida, não insiste prioritariamente na problemática sexual, isso não faz com que não a leve em consideração,[11] nem com que atribua à ‘‘psicose’’ tudo o que não depende imediatamente do ‘‘Édipo’’ ou da ‘‘castração’’, e menos ainda com que classifique ali todos os casos difíceis. O tratamento da neurose com seus próprios aspectos ‘‘psicóticos’’, é, *em primeiro lugar*, terreno da psicanálise:

só por ouvir dizer se poderia acreditar que ela tenha fornecido os casos mais "fáceis". A isso, convém inegavelmente acrescentar que pouco ou muito de humildade seria aqui necessário: a psicanálise tem seus limites, não pode explicar tudo, e menos ainda fazer tudo. Humildade que exigiria talvez um consentimento mais basicamente agressivo para os psicanalistas do que o ataque, manifestamente tão bem aceito, que de toda a parte exige dessa disciplina um remanejamento fundamental, ou até a renúncia ao seu núcleo essencial, para tornar-se, seguindo a moda do dia, prática e teoria das "novas patologias".

Uma carta dirigida ao redator-chefe do jornal *The New Society*, sob o título "Amor e *savoir-faire*", prova da maneira mais clara possível o fato de que Winnicott, tanto íntima quanto publicamente, fazia questão de que se mantivesse um certo discernimento a respeito do que a psicanálise era e do que não era. Falando tanto do trabalho social (muito respeitado na Inglaterra) quanto da prática psicoterapêutica, dedica-se a um esclarecimento que, uma vez mais, impressiona por sua audácia e seu compromisso pessoal: "Certamente, pode-se dizer que o amor é necessário. O trabalho não poderia ser feito com ódio. Entretanto, o ódio está ali [...]. Se se insiste na palavra amor, é preciso então entendê-la no seu sentido mais primitivo, quando [ele] é nu, impiedoso e até destruidor [...]. É grande o perigo de que se divulgue uma idéia sentimental da psicanálise, ou do trabalho social, ou do fato de ser pai."[12]

Declaração "mediática", que permanece, entretanto, absolutamente em concordância, sem a menor atenuante, sem o menor efeito de sedução, com as concepções expostas na obra e na correspondência com colegas. A conclusão será sem ambigüidade, convidará a não misturar os domínios da vida: no sentido social e no sentido psicanalítico, não é pelo "amor" que se cura.[13]

Por que Winnicott, com tanta insistência? Porque, ao contrário de sua imagem convencional — também para mim, até recentemente — e a partir de Ferenczi, cujas interrogações se ligam diretamente ao debate íntimo e teórico com o fundador da psicanálise, que fora também seu analista, a meu ver, junto com Freud, ele não tem igual no que se refere a uma reflexão sobre a questão da destrutividade em que se relacionam a teoria, a prática e a vida das sociedades de psicanálise, e a dos próprios analistas. Com a vantagem, além disso, de uma defasagem temporal e geográfica, mas principalmente pessoal no próprio homem, que permite levantar os problemas deslocando-os um pouco em relação às coordenadas polêmicas que são as do campo francês hoje. Winnicott se revela como um dos analistas da história da psicanálise que se pode qualificar de espírito livre — não que ele não tenha sido inscrito, como todos os analistas, em suas transferências e seus combates "contra", principalmente contra Melanie Klein: mas precisamente porque o que ele assumiu de suas transferências e de sua própria biografia analítica dá movimento ao seu pensamento. E já que meu propósito é inegavelmente passar de novo por uma reflexão sobre Freud e a relação com a herança, o exemplo de Winnicott, nos encontros e nas divergências, tem o privilégio talvez provisório de dar a possibilidade de escapar ao esquema de uma confrontação termo a termo: Winnicott contra Freud, não é nem possível nem de acordo com a realidade desses dois pensamentos. Pôde-se ver, espero, que para esses dois, o confronto "clínica contra teoria" não se admite. Em contrapartida, o admissível, sem dúvida, é a prioridade do objeto comum, quaisquer que sejam as vias de abordagem escolhidas: não é homem contra homem, mas dois psicanalistas, e, como partilha, o objeto do trabalho psicanalítico.

Essa destrutividade no começo, Freud a estuda sob várias rubricas da clínica, sob o rótulo, por exemplo, da agressividade, de certas perversões, e principalmente do masoquismo primário que não deixa de ser objeto de questões e de remanejamentos.[14] Ele constrói-lhe os alicerces na *Metapsicologia* e em todas as reflexões metapsicológicas posteriores a esse texto, em termos que permanecem no centro da maioria de suas concepções em que as relações da realidade psíquica e da realidade "exterior" — a alteridade do mundo e dos seres — estão em jogo. Lembre-se: na situação primitiva — não, para Freud, na "realidade" objetiva da vida do lactente, mas no modelo que propõe da construção temporal do aparelho psíquico, em que "primitivo" tem o sentido de "primário", isto é, primeiro e mais arcaico —, o "eu" não tem, a bem dizer, noção do mundo exterior. É auto-erótico ou narcísico, ou "criança-com-sua-mãe", não-distintos psiquicamente. O "objeto" aparecerá no curso de uma evolução ligada às necessidades, às excitações pulsionais internas e, especialmente, às experiências de insatisfação. E ao mesmo tempo em que aparece o objeto, o ódio também vê completar-se a sua formação: aversão que se torna ódio na seqüência da relação com o mundo exterior, estranho e gerador de excitações perturbadoras. "O exterior, o objeto, o que é odiado, eram no princípio idênticos. [...] Do ponto de vista da relação com o objeto, o ódio é anterior ao amor, emana da rejeição inicial, pelo eu narcísico, do mundo exterior, causador de excitações."[15]

Esse modelo metapsicológico — que Winnicott focalizará à sua maneira pessoal —, ao qual serão acrescentadas matizes e precisões, mas nenhuma correção fundamental, atravessa a obra freudiana, em todas as suas modalidades, de lado a lado. Acompanha a concepção do processo primário, do arcaico, do infantil, tal como é indestrutível no inconsciente, e se encontra, com a mesma força, nas construções mais tardias sobre os problemas dos fatos de cultura e principalmente da religião. Não abandona o seu pensamento enquanto este especula sobre a espécie humana e sua pulsão de morte, e sobre o que se torna o psiquismo durante os "progressos" da civilização. Na concepção da clínica e da prática analítica, ele dá o tom, ou, por assim dizer, a atmosfera da ausência de ilusões, mas também dos ideais secretos que são os de Freud quanto aos fins, os atingíveis e os inatingíveis, que a psicanálise determina para si. Tom e atmosfera que serão encontrados por exemplo no texto sobre "Análise terminável e interminável", em que se trata, no fundo, tanto dos psicanalistas quanto dos pacientes, e também nos escritos mais gerais, mas não menos clínicos, como "Reflexões para os tempos de guerra e morte", publicado imediatamente depois da Primeira Guerra Mundial, "Por que a guerra?", já na aurora do hitlerismo, e "O Mal-Estar na Civilização", entre as duas guerras. Escritos em que o contato com o inconsciente e sua "ineducabilidade", da persistência nele das moções mais brutalmente arcaicas, dá ao inventor da psicanálise uma notável perspicácia sobre a parte autodestrutiva dos destinos do gênero humano, e até uma percepção quase premonitória das destruições pouco ordinárias que estavam então por vir.

Anterioridade do ódio quanto ao "exterior" e ineducabilidade do inconsciente estarão juntas nas reflexões freudianas, não tematizadas mas inscritas na textura de seu pensamento, sobre a *barbárie* presente no próprio seio do que ele chama, em seu texto de 1915 sobre a guerra, "estado civilizado". A guerra, observa ele, perturba as inteligências mais elaboradas, constatação das mais amargas para o Freud daquela época, que conhecia as perturbações da inteligência provocadas individualmente pela neurose, mas não tivera antes essa visão "antropológica'' sobre os homens evoluídos — em ''Totem e tabu'', havia apenas ''primitivos'', crianças e doentes de espírito. A própria ciência deixa de ser imparcial e descobre-se usada para fins guerreiros: a antropologia ajuda a qualificar o inimigo de ''raça inferior'' e a psiquiatria a defini-lo como mentalmente perturbado. Os ódios, que habitualmente só se supunha separarem povos basicamente diferentes por seu nível de cultura, erguem umas contra as outras populações igualmente educadas, que se pensava compartilharem os mesmos valores. O pulsional, que a psicanálise descobrira nos pacientes, à medida que se manifestavam as suas patologias, vem anular as normas morais de todos.

E aí se encontra verdadeiramente uma extensão do modelo metapsicológico para uma reflexão sobre o psiquismo na coletividade. O ético é o que constitui obstáculo ao funcionamento ''selvagem'' do aparelho psíquico, que é ao mesmo tempo o seu funcionamento sexual, em que predomina o princípio de prazer, a confusão entre o que é estranho e o que é inimigo, a passagem sem etapas do desejo ao ato. Essa ética ''civilizada'', a guerra, ao rompê-la, vem revelar sua natureza de construção frágil, e a onipotência sobre ela do indestrutível funcionamento bárbaro do infantil, do inconsciente. Noção que reaparecerá, muito depois, em ''Moisés e o monoteísmo'', quando Freud acusará os povos que se dedicam hoje ao anti-semitismo de terem permanecido ''sob uma fina camada de civilização [...], apaixonados por um politeísmo bárbaro.''[16] A guerra, pois, traz de novo, para o nosso olhar, os processos metapsicológicos mais elementares. Mas a partir dos efeitos da guerra, o pensamento volta, sobrecarregado por essas observações desiludidas, para outros campos de reflexão, e são anotações sobre a história, sobre a política, sobre a vida das sociedades que encontram então o núcleo de futuros desenvolvimentos: assim também como, de modo impressionante, uma nova abordagem do religioso, que não é mais aquela, de dominante psicopatológica, de "Totem e tabu". O animismo e o assassinato deixam de ser apanágio apenas dos "primitivos".

Assim, a História é uma série de assassinatos, de povo a povo. Assim, "é justamente o modo pelo qual é formulada a proibição 'Não matarás' que é de natureza a dar-nos a certeza de que descendemos de uma longa série de gerações de assassinos, que tinham no sangue o desejo de matar, como talvez até nós mesmos, ainda".[17] A julgar por nossos desejos e aspirações inconscientes, "nós mesmos somos apenas um bando de assassinos". E assim como no fim daqueles anos de guerra Freud insiste no fato de que nossa razão e nosso sentimento se recusam a admitir uma associação tão estreita entre o amor e o ódio, mas são obrigados a isso, assim também deverá observar, em tom sombrio, mais de vinte anos depois, quando se anuncia a guerra seguinte e quando, vivendo em país nazista há muito tempo, já prevê tudo: "Vivemos num tempo extremamente curioso. Descobrimos com surpresa que o progresso fez um pacto com a barbárie."[18] Reflexão que se acrescenta a esta outra, do texto de 1915: se o Estado proíbe ao indivíduo o uso da injustiça, não é porque queira aboli-la, "mas porque quer ter o monopólio da injustiça, como o do sal e do tabaco";[19] e cujo tom persiste no de 1938, em que, falando dos métodos de repressão utilizados na Áustria e na Alemanha, sublinha que eles não são de modo algum estranhos à Igreja, que "sente como que uma usurpação de suas prerrogativas no fato de que outros também recorram a eles."[20] Ironia amarga contra todas as instituições "civilizadas": o primeiro texto é datado de um ano depois de uma guerra terrível, o segundo de um ano antes de outra que nada ficaria a dever à primeira.

Qualificou-se de generalidades sem incidências psicanalíticas esse tipo de considerações freudianas. Sua vizinhança com as elaborações tão precisamente clínicas de Winnicott sobre o tema comum da destrutividade poderia pôr em dúvida a sua pertinência especificamente teórica e prática. Mas além de que, como veremos, o próprio Winnicott estende seus conhecimentos psicanalíticos à vida social, à criminalidade, à justiça, à guerra — menções de que não precisamos para desculpar Freud, mas para mostrar o enraizamento e a extensão inerentes ao pensamento psicanalítico quando este não se cliva a si mesmo —, é importante perceber que tais textos indicam momentos de transformação na elaboração freudiana, que propiciarão novos avanços, novas conseqüências, em suas próprias concepções teóricas e práticas, até o fim.

Foi durante os anos da Primeira Guerra Mundial — que são também, na vida particular de Freud como analista, os que se seguiram ao rompimento com Jung — que foi escrita a *Metapsicologia*, assim como o texto de aparência menos especializada que são as "Reflexões para os tempos de guerra e a morte". A introdução da teoria do narcisismo, reformulação considerável do ponto de vista sobre a dualidade pulsional (pulsões sexuais, pulsões do eu), já se produziu. Pode-se glosar, até o infinito, o papel que se quer atribuir, contra sua própria vontade, ao acontecimento pessoal muito discretamente comentado por Freud (mas por que o teria feito indiscretamente?) que foi a morte de sua filha Sophie e depois a de seu neto, irmão da criança do carretel, em suas elaborações teóricas. De qualquer forma, 1920 foi o ano da publicação de "Além do princípio de prazer", isto é, da apresentação da pulsão de morte. Posteriormente, o que se chamou primeira tópica (consciente, preconsciente, inconsciente) será transformado, ou talvez deva-se dizer completado — pois Freud, com sua nova concepção do aparelho psíquico, não abandona verdadeiramente a precedente — pela segunda tópica: eu, isso, supereu. O que julgo importante aqui é a descentralização suplementar que implicam esses novos aportes. Seja do ponto de vista de uma biologia do espírito, como é o caso em "Além do princípio de prazer", ou do da evolução psíquica da espécie, a que servirá de pano de fundo para a genealogia e a formação de cada uma das instâncias do aparelho psíquico (pois haverá, em "O ego e o id", o esboço de uma espécie de história do isso, do eu e do supereu, história complexa e pluri-determinada, retomando principalmente o problema do assassinato do pai, proposto em "Totem e tabu"), cada vez mais, trata-se do que, na vida do homem, se desenrola, por assim dizer, "acima da humanidade". Fórmula que é exatamente a que empregará Freud mais tarde um pouco, em "Mal-Estar na Civilização", para qualificar o processo cultural como ele o entende, e que não depende nem de uma psicogênese que seria uma sucessão de estágios, nem de uma sociogênese que descreveria a evolução das sociedades. Trata-se, na nova perspectiva freudiana, que, passo a passo, se esboça, sem nunca abandonar seus limites na prática, de tentar explorar a história da vida do espírito nas coordenadas de processos vitais: uma história que não será nem linear, nem unilateral, nem estritamente biológica no sentido preciso da complexificação do cérebro, nem psicológica no sentido das aprendizagens e das aquisições mentais, e até de suas patologias. Trata-se de uma lógica do vivo, discordante, contrastada, lacunar, que se referiria simultaneamente à vida orgânica e às formações do inconsciente incluídas na construção do humano, aos processos da civilização ao mesmo tempo que aos do desenvolvimento do indivíduo. Simultaneamente, mas não conjuntamente: pois, além de que nem tudo pode ser apreendido pela mesma disciplina, nenhuma unidade nunca poderá ser encontrada. Por um lado, o que se faz, por outro, o que se desfaz e que desfaz. É exatamente isso que descreve a luta entre pulsões de vida e pulsões de morte, acima e no interior do aparelho psíquico.

É então que muitos são levados a qualificar toda essa série de trabalhos de Freud de generalidades, ou até de banalidades, e, comicamente, se tivéssemos vontade de rir, de reflexões não-psicanalíticas. Hábitos de falar reservados especialmente ao escrito de 1929, que é o "Mal-estar na civilização", cujo alcance Lacan, em 1959, foi talvez o único a medir — o que só se percebe eventualmente hoje, depois da publicação do seminário sobre *A ética da psicanálise*,[21] e ainda sob duas condições: já ter trabalhado esse texto de Freud e ler o seminário de Lacan. Texto do primeiro, cuja situação entre os psicanalistas o segundo enuncia muito justamente, em palavras que se aplicariam igualmente bem a uma série de obras postas de lado: "cuja importância não se percebe muito bem, a pretexto de que se deixa de escutar um homem a partir do momento em que ele parece sair da sua área propriamente técnica".[22]

Ora, para Freud, trata-se, no *Mal-estar*, como já era o caso dos textos sobre a guerra, e como será de novo no *Moisés*, de deduzir as conseqüências, no registro da "cultura", da reflexão sobre o estado da civilização e da vida psíquica, dos avanços ou dos deslocamentos do seu pensamento. É de fato, podemos repetir, uma das particularidades de Freud — e, como vimos, também de Winnicott — tomar em consideração o modo pelo qual a própria teoria psicanalítica é transformada por suas próprias descobertas. Mais precisamente, tendo encontrado na clínica fenômenos como o masoquismo e a agressividade "constitucional" do ser humano, tendo observado principalmente na guerra — e anteriormente na mesma clínica — o funcionamento inevitável dessa agressividade quando se trata das relações com outrem, tendo sido levado a teorizá-la como pulsão destruidora, pulsão de morte, Freud não tenta evacuar o problema do "mal", mas, pelo contrário, o considera, sabe que ele lhe diz respeito. Esse mal, a neurose não o encobre, como também não o desculpa. Não lhe achará a causa — no fundo, achar a causa raramente é procedimento seu —, mas o leva em consideração.

No *Mal-estar*, as palavras são simples. Freud, lembrando sua própria resistência à concepção de um instinto de destruição (trata-se talvez de suas primeiras reações a uma conceitualização de Sabina Spielrein, que o precedera nessa direção), evoca "a tendência nativa do homen para a maldade". É notável que a palavra empregada seja do vocabulário infantil. É de "infância" incurável que se trata, no que leva o homem à agressão, à destruição, à crueldade. Freud bem sabe que os meios analíticos continuam resistentes, como ele próprio fora, à hipótese do instinto de morte. Como ele, numa primeira construção em que tentava explicar a sua experiência, esses meios preferem atribuir tudo o que se revela "perigoso e odioso no amor a uma bipolaridade original, que seria própria à sua natureza."[23] Pois o inaceitável é o instinto de morte *não-erotizado*, funcionando sozinho, por sua conta, puro batimento repetitivo: é a autonomia da tendência para o "mal" que se oporá ao progresso da civilização, mas também, indivíduo por indivíduo, aos projetos de "tratamento de amor" na prática psicanalítica. "No fundo do homem, escreve Lacan, lendo lucidamente Freud, o ódio a si próprio."[24] Desse ódio a si no outro, mas também do ódio ao outro em si, Freud dera o modelo mais impressionante no último texto da *Metapsicologia*, sobre "Luto e melancolia", descrevendo em seu processo da melancolia de um modo que teve muitas conseqüências em seu pensamento (principalmente, estou certa disso, no estabelecimento da segunda tópica e na reflexão sobre a presença do psiquismo do assassinato original); o morto não ficava psiquicamente perdido, era *incorporado* ao psiquismo do melancólico e quando este dirigia a si mesmo cruéis acusações, era o outro que, no seu eu, ele odiava. "*A sombra do objeto caíra sobre o eu.*" A partir desse modelo — voltarei depois ao assunto — formou-se, segundo Freud, o supereu, sombra incorporada da experiência do assassinato original do pai. Construção de uma história louca da realidade, para explicar a nossa loucura, e à medida desta.

Ali se situam, no *Mal-estar*, as observações algo irônicas de Freud contra o seu mais constante adversário de pensamento, a religião cristã como religião do amor. A tal ponto que, em relação a ela, e a despeito de suas reticências básicas quanto à experiência comunista na União Soviética, cuja tirania ele conhece e cujos crimes até prevê, acontecelhe escrever: "Numa época em que grandes nações proclamam que só esperam sua salvação do apego à piedade cristã, a revolução que se produz na Rússia — apesar de todos esses traços pouco sedutores — nos parece, ainda assim, como a mensagem de um futuro melhor";[25] era o ano de 1933. Releiam-se os seus comentários sem concessões sobre o ensinamento paulino: "Ama teu próximo como a ti mesmo" — que, mais uma vez, cabe a Lacan ter meditado no campo das "leis do espaço do próximo" e da "escravização imaginária pela imagem do semelhante".[26] Quanto a mim, só desejo indicar o alcance das observações freudianas sobre o preço que se paga pela ideologia ou a ilusão do "bem", o que se pretende ou se sonha cumprir situando o "amor" antes de todas as coisas — alcance que não é tão estranho à firmeza das conclusões winnicottianas sobre o que é eficaz e o que não o é, no tratamento ou no trabalho social.

"Quando o apóstolo Paulo fez do Amor universal dos homens o fundamento da sua comunidade cristã, a mais extrema intolerância por parte do cristianismo em relação aos não-convertidos foi a conseqüência inevitável; intolerância que era estranha aos romanos, cuja vida pública e política não era fundada sobre o amor [...]".[27] Ilustração prototípica, mas não única, aos olhos de Freud, da exclusão, da rejeição, até da destruição dos que farão papel de "Outros", como condições da união ou da fusão pelo amor entre aqueles que poderão então se designar como "Mesmos". Os homens, seja o que for que declarem e desejem, têm dificuldade em renunciar à satisfação de suas moções agressivas. Do mesmo modo que, no modelo metapsicológico individual, só podem fazê-lo, qualquer que seja o seu grau de "civilização" — e no próprio nome desta, que os autoriza — "[tratando] como inimigos todos aqueles que ficam de fora [deles]".[28] E acrescenta nesta regra de ouro do desiludido: "Sempre é possível unir uns aos outros pelos laços do amor uma grande massa de homens, com a única condição de que restem outros para receber os golpes."[29]

Os exemplos não faltarão — e, à medida que a civilização "progride", depois de Freud, sabemos que faltarão cada vez menos. Certas figuras, ou certos povos, de acordo com os lugares em que nos situemos, e em virtude, muitas vezes, do "narcisismo das pequenas diferenças", servirão não só de vítimas emissárias — noção que Freud partilha com outros — mas mais exatamente ainda de portadores de uma missão de "*alívio econômico*" para aqueles que os tomarão como alvo. Assim o Diabo, excelente subterfúgio "para desculpar Deus". Assim o povo judeu, que, "pelo fato de sua disseminação em todos os lugares, serviu dignamente, nesse ponto de vista, às civilizações que o acolheram". Assim os burgueses, objetos de perseguição da civilização comunista nova. Mas o problema renasce incessantemente, e pergunta-se com ansiedade, anota Freud com um sombrio humor em 1929, o que farão os soviéticos, uma vez exterminados todos os seus burgueses, assim como se constatou que os massacres de judeus na Idade Média "não bastaram para tornar esse período mais pacífico nem mais seguro para os irmãos cristãos".

A civilização tem assim o seu avesso de destruição, guerras, massacres ou exclusões. Persistência da barbárie arcaica, que os grandes sismos sociais ou políticos desvelam, porém, mais ainda, espécie de *capital adquirido* da própria civilização, estranhos "benefícios" desta, codificação mais elaborada da agressividade pulsional. Em "Reflexões para os tempos de guerra e morte", Freud já observara que os primitivos, voltando de suas guerras, deviam purificar-se cuidadosamente antes de reunir-se às suas sociedades e enlaçar suas mulheres, enquanto nossos modernos guerreiros regressam às suas famílias como combatentes vitoriosos, pois a culpa não permite a *todos* os soldados de hoje voltarem às suas casas como assassinos impenitentes: a segunda grande guerra e suas conseqüências conheceram isso. Ao mesmo tempo, elas prolongaram ao infinito aquilo que, das considerações freudianas, levava a concluir que a *desumanidade*[30] do gênero humano estava efetivamente inscrita, indelevelmente, no programa da sua "humanidade".

Reflexões sem quaisquer relações com a psicanálise? Certamente, a psicanálise não é o seu único registro explicativo. Mas é indiferente que, por sua vez, ela tenha explorado, pensado, aquilo que dependia dela e de que ela própria dependia? Winnicott, que a respeito desses temas não era muito loquaz, não pôde fazer outra coisa senão enunciar algumas observações comparáveis, em que abordava *forçosamente*, também ele, aquilo de que não tratei, em que está nas entrelinhas de toda a abordagem freudiana da *Kultur*: a questão da culpa. Em Winnicott, isso se encontra em observações sobre a criminalidade e o exercício da justiça, por várias vezes. Também nesse ponto, proscrevia ele a "sentimentalidade": "Minha idéia é que a sentimentalidade, qualquer que seja a sua forma, é mais deletéria do que inútil [...]. Através da identificação com o criminoso ou com o ser anti-social, o público se mostra muitas vezes extremamente compadecido e se sente culpado em relação a eles. Entretanto, existe, estou certo disso, uma coisa bem real que se poderia chamar de reservatório de vingança inconsciente de uma comunidade... [Ignorá-lo], a rigor, produziria incidentes em que se poria em funcionamento o que se chama *lei do linchamento*."[31] Conselho do psicanalista aos juízes e seus assessores: "*exprimir a vingança pública inconsciente da maneira mais civilizada possível*".[32] Assim, em Freud, em Winnicott, e também em Joseph Conrad, romancista, se encontram pensadas diferentes figuras da selvageria: a arcaica, dos primitivos e dos filhotes do homem, e aquela friamente terrificante, que se elaborou na civilização *sob o próprio efeito* das exigências culturais, ao mesmo tempo que à sua revelia.

E, mesmo assim, trabalhar. E, mesmo assim, ter alguns projetos. Por exemplo, no cotidiano, no trabalho psicanalítico, pôr em prática, fazer viver a fórmula que comentários em excesso tornaram acadêmica: *Wo Es war soll Ich werden* (onde era "isso", o "eu" deve advir), o que quer dizer, quanto ao tratamento: esforçar-se para que se produzam alguns "civilizados".

# Só-depois ou o esquecimento na memória

*Não se poderia, então, pensar que o momento em que um ser vivo tem acesso à humanidade coincide com o do surgimento de um futuro anterior constitutivo do seu psiquismo? Talvez seja isso que Mallarmé também expressou: "Nada terá lugar, a não ser o lugar." Nós somos esse lugar.*

JEAN-LOUIS BAUDRY*

*O mundo e a biblioteca têm a mesma importância entre os elementos aos quais eu me refiro quando escrevo, e nunca terei nenhum falso pudor em relação a esse assunto.*

JULIEN GRACQ**

Winnicott toma como ponto de partida a criança e seu ambiente precoce, não sem observar incidentalmente a inadequação que existe em remeter *tudo* a épocas excessivamente precoces da vida. Assim, numa carta importante ao kleiniano Herbert Rosen-

* Jean-Louis Baudry, "L'événement introuvable", *L'Écrit du temps*, nº 8-9: *Constructions de la réalité, op. cit.*, p. 161.
** Julien Gracq, *Les Eaux étroites*, Corti, 1976, p. 30-48.

feld, que desempenharia mais tarde, na Grã-Bretanha e além-Mancha, um papel formador, descreve ele a sua preocupação em ver esse analista, então muito jovem, remeter a essa época a origem do sentimento de culpa. Isso equivaleria a não compreender, diz ele, que "a experiência da culpa é um grande sucesso do desenvolvimento humano da criança",[1] manifestando com essa observação basicamente freudiana, embora ela decorra do seu próprio trabalho ou justamente por isso, que não é daqueles para quem "a psicanálise teria como único objetivo apaziguar a culpa",[2] como observa Lacan em 1959. Freud tem a mesma posição, com a diferença de não considerar a culpa exatamente como um "sucesso", mas, antes, como fato absolutamente central do devir humano do humano, seja como produtor de religiões ou como neurótico — neurótico obsessivo, especialmente, submetido a coações psíquicas oriundas da culpa. Mas a figura do psiquismo individual se destaca aqui sobre um fundo: uma das grandes dificuldades do filhote humano é ter que percorrer por sua própria conta, em muito pouco tempo e resumidamente, em seu desenvolvimento de indivíduo, a evolução que a espécie perfez. Cada criança tem que readquirir, por sua vez, toda a civilização; cada um — que durante sua própria existência, viverá, principalmente em seus traços neuróticos, no registro temporal do só-depois da sua própria pré-história psíquica — se inscreverá, logo de saída, no só-depois de uma pré-história da humanidade. Pré-história que está presente nele de mais de uma maneira: em sua própria "constituição" psíquica, isto é, em suas disposições instintuais propriamente humanas, assim como na estrutura do seu aparelho psíquico diferenciado ao longo do tempo em isso, eu, supereu; mas também na existência inconsciente nele de restos, destroços, memoriais de experiências arcaicas de seus ancestrais, enigmaticamente transmitidos. Estranho modelo. No entanto, é o mesmo do inconsciente e do recalque originário, e ainda mais o do *isso* e de seus conteúdos. E é precisamente em razão do aspecto misterioso de tais fenômenos que importa, para Freud, recusar explicá-los com a ajuda das hipóteses místicas ou mágicas que se aproveitam para insinuar-se, a pretexto de sua obscuridade. *Há* obscuridade de natureza nesse gênero de fatos: ou porque, sendo anteriores à palavra quanto aos seus momentos de origem, não podem ser completamente dissecados pela palavra, como escrevia Freud a Lou Andreas-Salomé a propósito de certos aspectos da vida psíquica; ou porque, estando submetidos ao recalque, tiram justamente a sua força e o seu poder no psiquismo do fato de ter vivido nessa obscuridade, segundo a bela fórmula de Freud em *Moisés*, de que "o passado age na sombra"; ou ainda porque não se conhece tudo, pois não há "tudo" no inconsciente, mas caos, descontinuidade e lacunas. Enfim, e de fato, porque as representações de palavra, as da linguagem, são fundamentalmente inadequadas às representações de coisa, como essas representações, materiais e objetos da psicanálise já são também radicalmente inadequadas à coisa. Tal é, no inconsciente, a natureza das "coisas": possibilidade, mas também limite do sistema de tomada de conhecimento. Se ele se esquiva, não dá entretanto, de modo algum, ao psicanalista, teórico e prático, a facilidade, para si, de *se* esquivar: mas antes a dificuldade de ter que reconhecer em certos pontos a sua ignorância, em outros a sua impotência, limitações particularmente vivas quando se trata de apresentar, de expor — mas é preciso expor-se — "fatos" cuja demonstração é eminentemente refutável.[3]

Essa estranheza de natureza é aparentemente admitida no modelo da histeria, em que o modo de pensar o acontecimento psíquico e a memória inconsciente, assim como a etiologia sexual da neurose, não causavam mais escândalo. Entretanto, esse modelo não era "razoável", não mais aceitável para a razão do que o era o papel primordial da sexualidade para a edificação da moralidade. Desde a sua primeira versão, ele propunha lógicas pouco comuns: "A lembrança mostrará uma potência que falta totalmente ao acontecimento em si; [ela] agirá como se fosse um acontecimento atual. Há, por assim dizer, a *ação póstuma* de um traumatismo."[4] Note-se que a "lembrança" de que se trata não qualifica aqui a lembrança consciente, mas o traço psíquico inconsciente. O esquema, cujo caráter insensato parece ter sido esquecido, do inconsciente, do recalcado, do efeito patogênico dos seus desdobramentos já está depositado nessas frases. A idéia da "marca patogênica primária" será exposta imediatamente depois. Isso acontecia alguns anos antes da publicação da *Interpretação dos sonhos*, quase vinte anos antes da *Metapsicologia*; as palavras e as noções têm então uma extraordinária qualidade de novidade. Não é certo que elas a tenham perdido — por pouco que se as *escute* ainda, ao invés de adotá-las maquinalmente. Num texto posterior, é introduzida uma nova dimensão da realidade psíquica, que afirma não só que um acontecimento insignificante, talvez até desapercebido em sua ocorrência, pode tornar-se eficaz bem depois, sob o efeito de um traço do qual não há o menor traço senão esse mesmo efeito, mas ainda que igualmente ativas, e até corporalmente, podem ser espécies de quimeras elaboradas no espírito dos doentes: suas construções fantasísticas. "[Os sintomas histéricos] não aparecem mais, a partir de então, como desdobramentos diretos das lembranças recalcadas das experiências sexuais infantis, mas entre os sintomas e as impressões infantis se inseriam agora as fantasias dos doentes."[5] Fantasias imediatamente batizadas de *ficções mnêmicas*. É o momento da invenção da teoria psicanalítica, de seu pleno impulso.

Pensa-se no tipo de observações que se encontram nos textos de Freud, mais de trinta anos depois, em *Moisés*, como: "Mas pouco importa que se trate aqui [no caso do assassinato do pai] de uma fantasia ou da volta de uma realidade esquecida." Palavras que, desta vez, tenderiam a chocar a comunidade em sua exigência de racionalidade "científica" tradicional — que não teria pois evoluído tanto —, assim como o subtítulo inicial desse mesmo último livro, "Um romance histórico" (ficção mnêmica?), parece desqualificar a seriedade do seu autor. Desde que se trata de uma genealogia psíquica, que despoja do controle consciente não mais apenas o indivíduo doente, mas também o conjunto da espécie humana em suas características coletivas, o teórico é exortado a ser claro, a escolher: é uma fantasia ou é a volta de uma realidade esquecida? Se é uma fantasia, é preciso, afirma-se, devolvê-la ao remetente: devaneio [*fantaisie*] desenfreado do seu autor.

Problema que, entretanto, é difícil de resolver, sem atingir ao mesmo tempo o próprio núcleo da teorização psicanalítica da memória inconsciente e de seus efeitos muito reais. Estas mesmas palavras: ação póstuma, marca patogênica primária, ficções mnêmicas, convêm exatamente à construção do "mito" do assassinato original do pai da horda, às hipóteses sobre a presença no inconsciente dos homens dessa experiência arcaica da humanidade, à tomada em consideração da eficácia posterior de sua existência subterrânea, ao seu caráter indemonstrável de construção fantasística.[6] Isso é o que Freud chama "realidade histórica" — isto é, realidade dos traços mnêmicos inconscientes da *experiência* psíquica — oposta à "realidade material" dos acontecimentos irrefutáveis; e essa distinção que ele opera quanto ao romance de Moisés tem todo o seu valor já nos romances familiares dos neuróticos, que são sua fonte declarada. É assim que Freud foi levado a enunciar no livro final: "Não hesito em afirmar que os homens sempre souberam — *desse modo particular* — que tiveram um dia um pai primitivo e que o mataram."[7] Declaração perturbadora, que certamente não se pode aceitar sem questionamento, mas que é importante levar em conta que ele teria podido aplicar, por exemplo, a qualquer indivíduo atingido de neurose obsessiva — o que fez, afinal, em relação ao "homem dos lobos", quando, no fim do texto, invocou o recurso à filogênese nos pontos em que a ontogênese do caso não lhe servia mais. Quanto a "lembrar-se desse modo particular", essa fórmula conviria também às histéricas, de quem uma definição bastante próxima, igualmente inaugural da psicanálise, diz que elas "sofrem de reminiscências". Delas também se poderia dizer que "sempre souberam" do que se trata, no sentido em que acontece (todo analista e todo paciente têm essa experiência) que a interpretação encontra no divã um "Eu sabia". E principalmente, porque nada daquilo que o analista pode ser levado a conhecer de um paciente lhe vem de outras fontes que não sejam o saber desconhecido que este possui. Parece coisa estranhamente difícil de aceitar; o *saber* freudiano sobre o assassinato do pai, presente no inconsciente, que ele propõe à nossa perplexidade sem dissimular a sua, também não lhe vem de outras fontes.

Assim, é preciso escolher. Mas, quando se é psicanalista, não será talvez escolher entre a fantasia e a realidade, mas entre o consentimento em tolerar enigmas que levam à obrigação de trabalhar sobre muitas questões deixadas em suspenso, sem nunca querer preencher as lacunas, e a decisão de fazer uma espécie de julgamento de Salomão, que cortaria por não se sabe que meio os modelos básicos da psicanálise. Como decidir que será admitido o ponto de vista "darwiniano" sobre o caráter fóssil da histeria, testemunha de épocas arcaicas, mas será recusada a formação do aparelho psíquico ao longo da evolução da espécie, levando suas marcas temporais? Como estabelecer leis sobre o papel das ficções mnêmicas, ora levadas em consideração em seus efeitos na vida dos neuróticos, ora refutadas em suas funções historicizantes para as coletividades? Como reconhecer, para as construções fantasísticas dos pacientes, o valor de um núcleo de verdade, que se recusará para a tomada em consideração das ficções teóricas na elaboração do pensamento psicanalítico e, por exemplo, para aquilo que o próprio Freud chama o seu "mito científico"? E principalmente, como manter o modelo da memória inconsciente e do só-depois, se se quer limitá-lo a um desenvolvimento individual estritamente enquadrado pelo nascimento e a morte, e subtraí-lo à sucessão das gerações e à transmissão inconsciente?

Todas essas questões são abertas pelo pensamento freudiano, que não as fecha. Sobre certos pontos, são apresentadas propostas de resposta, não diretamente mas através de considerações laterais. Uma dessas propostas é a hipótese do processo da melancolia, que já citei. Ela é aceita sem discussão em sua modalidade clínica: o objeto que se perdeu, por morte ou separação, não está verdadeiramente perdido. Incorporado ao eu, sua existência prossegue psiquicamente. Anos depois da apresentação desse processo na *Metapsicologia*, é ele retomado por Freud, ao falar da identificação de indivíduos com outros indivíduos — mas também de um filho com seu pai — na "Psicologia das massas e análise do eu". E, nesse caso, de novo admitido, discutido, reutilizado. A partir de "O eu e o isso", as coisas se complicam, o autor da segunda tópica toma a decisão: descrevendo o que chama o *nascimento do supereu*, sua separação do eu, ele o remete à herança arcaica do indivíduo, ao seu patrimônio filogenético. E isso acontece exatamente a partir do mesmo modelo: o supereu é uma formação substitutiva, que vem para o lugar do pai morto, cujos descendentes se sentem saudosos. O supereu, autoridade moral inconsciente, força interditora e culpabilizante no interior do psiquismo, é o herdeiro desse pai, é esse *pai incorporado*, tornado parte de si. Toda a força no psiquismo da questão do assassinato, todo o poder psíquico e cultural dos assassinatos posteriores de "grandes homens", de Moisés ao Cristo, provêm de que eles entram em ressonância com o primeiro assassinato inaugural da "civilização" — como será o caso dos complexos de Édipo e de castração, figuras individuais sobre um fundo de ameaça paterna e de assassinato do pai, pelos filhos que desejavam as mulheres que ele reservava para si.

Em que lugar se separará dele próprio o modelo da incorporação do objeto para decretar-lhe a parte aceitável, a parte inaceitável? A partir de que ponto o teórico das lógicas do inconsciente, incluindo a função do imaginário, será intimado a *não mais imaginar*, a *explicar* os detalhes, a desmontar malha por malha a textura do seu tecido, e demonstrar seu caráter sólido? E, por exemplo — para explicar a estranha temporalidade dos efeitos do inconsciente —, inventor das noções de recalque e de só-depois, será exortado, recusando essas noções, a enunciar sem hesitação e com precisão o que aconteceu *antes* e nesse *meio tempo*.[8] Em outros termos, procurar-se-á o acontecimento, nesse acontecimento o fato, irrecusável, e o objeto, que não o é menos. Não se admitirá que, desses acontecimentos insólitos e de seus desdobramentos desordenados, o próprio homem, o indivíduo, seu psiquismo, suas neuroses, são tecidos. Que ele *é* esse tecido.

Em tal procedimento, bem "atual", pode-se observar dois movimentos. Por um lado, no nível dos conteúdos, tender-se-á a afastar ou a deixar para trás certos temas, especialmente os que desejei abordar aqui: o que pertence à destrutividade e suas lógicas; o que se refere ao ódio, ao assassinato, à culpa; e, em ligação com esses objetos, o que recorre sem exclusão de princípio ao imaginário e à memória mais arcaica, muito particularmente quanto à questão da paternidade e da sua representação. Por outro lado, no nível do método, serão propostas sempre mais exigências de concretização, de materialidade dos objetos e dos fatos da psicanálise. Na sua procura do *explícito material*, a psicanálise, em sua história, deu muitas vezes preferência a noções e a temas claramente delimitáveis, quase que oferecidos à percepção. Os anos do pós-guerra na França conheceram a prioridade conquistada pela "relação de objeto", noção descritiva tirada da realidade observável dos sentimentos manifestos dos pacientes. Na mesma série inscreveu-se, ao que parece, a promoção da contratransferência, concebida, por sua vez, diretamente a partir do vivido emocional dos psicanalistas. Mais tarde, e singularmente em reação à teoria (e à influência) muito fortemente "paternalizada" de Jacques Lacan, tão inflexivelmente marcada com o selo do simbólico, muitos se voltaram, à procura de um alívio — e essa procura de alívio pertence também ela à história da psicanálise —, para uma "maternalização" do tratamento, com uma imagem de mãe sensorialmente confirmada, um tanto livremente atribuída sobretudo à concepção de Winnicott, que, como se pôde ver, não era exatamente tão "realista". Esse problema, Freud já o conhecera em seu debate maior, que produziu muita inspiração mútua, com Ferenczi.

Durante estes últimos anos, foram talvez a criança e a infância que vieram ocupar o lugar de fatos "sólidos" que se podem apresentar. Todos sabemos o que acontece quando aparece a criança... Será porque os pais fracassaram, e também, porque na psicanálise fracassou quase fatalmente, como parece, a questão dos pais,[9] que as pessoas se voltam hoje para a criança como recurso mais consistente, como terreno mais estável dos "dados" psicanalíticos? Por toda a parte, aumenta a pressão para exigir da fantasia e da representação, assim como do ato do psicanalista e de sua teoria, que prestem contas da realidade material e apresentem demonstrações concretas.

De muitas maneiras, o aspecto que tomou a teoria freudiana à medida que evoluía, assim como aquele que tomava a de Lacan a partir de seu "retorno a Freud", até as conseqüências, ainda mais violentas para o pensamento, que ele deu a esse retorno, não respondem a expectativas dessa natureza. Freud, à medida que sua reflexão se tornava mais complexa, não se contentava em "positivar" o assassinato original nem solidificava o acontecimento traumatizante ou a história material dos seus pacientes, ao menos a partir do momento em que, logo no início da elaboração do seu modelo, atribuiu o seu lugar à fantasia, e teorizou, na sua metapsicologia, o fato de que "já no inconsciente, a pulsão só se dá na sua representação". Mas, à medida que se inscrevia em contextos mais amplos, tal modelo da "realidade" se tornava mais difícil de gerir para a razão científica, médica ou pessoal de cada um. Assim, a ação póstuma do traumatismo, ou do acontecimento, parecera admissível, embora viesse perturbar a representação de uma causalidade pacificamente factual. Mas o fato de que ela tivesse uma função de geração de linguagem, assim como de pensamento sobre a origem, tornava as coisas mais complicadas de conter e cada vez menos estáveis: o terapeuta não desejava, forçosamente, ter que se interrogar também para um trabalho que ele teria preferido manter em sua "moldura", sobre a língua, o simbolismo e os destinos da espécie humana. A procura do acontecimento real parece, de qualquer forma, mais cobiçada que a do acontecimento psíquico, e a reflexão sobre o pensamento parece mais tentada pelo estudo dos mecanismos puramente mentais do que por uma investigação sobre o funcionamento desse pensamento a partir de seus depósitos nos sintomas sexualizados, nos sonhos, nas tradições, na linguagem. Que o acontecimento real seja sempre um ponto de fuga ou de perda radical — o que conota talvez o "Real" lacaniano —, não dá satisfações substanciais ao caçador de realidade. Uma coisa é aceitar falar, em metapsicologia, de objeto perdido; talvez seja outra coisa ter que perder, pessoalmente, porque se é analista, o objeto em sua solidez e sua materialidade empíricas. Da mesma forma, aceita-se evocar um recalque originário, mas, ao que parece, é mais duro ser o terreno desse recalque, e até talvez o seu produto: só apreender, no inconsciente, as sombras dos objetos. Como se resignar à sombra que faz pensar, quando é com o reencontro com o objeto que se sonha?

Que objeto? Talvez Lacan dissesse, mesmo em tal contexto, que é a mãe, que ele designa, em *A ética da psicanálise*, como o inacessível, inapropriável "Bem Supremo". O que nos levaria de volta às coordenadas edipianas da própria psicanálise e dos psicanalistas, a esse complexo de Édipo, a respeito do qual Wladimir Granoff observava já há quinze anos, não sem melancolia, que, decididamente, ele não tinha futuro.[10] Sem dúvida, alguns insistem, como fizeram Freud, Lacan, e justamente Granoff, que incansavelmente os cita,[11] em "trazer pai" à baila — e sempre acontece que eles fracassam, embora tal empreendimento proporcione talvez à psicanálise alguns dos seus mais belos momentos, e, às vezes, um pouco de aceleração ao seu motor. O que chamam hoje o seu declínio, ou o seu anacronismo, tem talvez algo a ver com os momentos em que o que se refere aos pais está mais afastado, mais relegado. Talvez seja preciso suportar e reconhecer um pai, assim como um senhor, para poder despedaçá-lo, identificar-se heroicamente com esse pai, para tornar-se herói rebelde (como escreve Freud a respeito do poeta épico), e nunca se é mais condenado a ser um filho, incurável da filiação, do que quando o pai está fora do alcance do "assassinato", ausente ou apagado no desejo do descendente.

Estado de pensamento melancólico da psicanálise, que talvez seja apenas provisório: quando se está no oco da onda, acredita-se que nunca haverá outra crista. Aparentemente, uma geração de analistas está convencida, em sua maioria, de que nada tem a aprender com o passado — paradoxo cômico nessa área — mas que é o presente que tem lições a dar ao passado. Atitude que se exerce, ao mesmo tempo, em relação aos fundadores, esquecendo-se de que é deles que temos a psicanálise como herança, filiação, transmissão, e em relação ao lugar do passado no modelo da própria psicanálise: tenta-se corrigi-lo. Entretanto, acontece que esses "presentes" são mais caducos que o passado ("nascem póstumos", segundo as palavras de Nietzsche), esse passado que faz inventar, o passado sobre o qual Goethe escreveu: "O que herdaste dos teus pais, é preciso que o conquistes, se quiseres possuí-lo." Todos, certamente, desejariam fundar apenas em seu nome, apagar a página. Então, é a memória que é esquecida. "*Er* [nicht] war, *Ich* soll werden", ele não foi, mas eu devo tornar-me? Não era bem essa a fórmula de Freud. Mas a civilização nunca deixou de atribuir-se estranhos objetivos, de manipular tragicamente as suas próprias fórmulas.

*Sienne-Goult (La Juillarde)*
*agosto de 1988 — abril de 1989*

# Notas

**Ir contra**

1. *Correspondance de Sigmund Freud avec le pasteur Pfister, 1909-1939*, Gallimard, col. "Connaissance de l'Inconscient", 1966.
2. *Correspondance de Freud avec Lou Andreas-Salomé*, Gallimard, col. "Connaissance de l'Inconscient", 1970, carta de 4 de agosto de 1916. O grifo é meu.

**Ditadura da clínica, armadilha da ciência**

1. Trata-se de G. Mendel, autor de *La Psychanalyse revisitée* (La Découverte, 1988), que gasta muito mais energia em propor à psicanálise todo tipo de alianças com outras disciplinas do que em tentar enriquecê-la em sua especificidade.
2. Há quinze anos, um autor contemporâneo atraiu magnificamente e com vigor a atenção para essa distinção, e é significativo que ele também tenha atraído para si, por causa disso, mal-entendidos e animosidade, ou até a surdez total. Cf. W. Granoff, *Filiations. L'avenir du complexe d'Oedipe*, Minuit, 1975.
3. D.W. Winnicott, *Lettres vives*, Gallimard, col. "Connaissance de l'Inconscient", 1989, trad. M. Gribinski, carta de 15 de julho de 1956, p. 149.
4. D. W. Winnicott, *op. cit.*, carta a Guntrip de 20 de julho de 1954, p. 119.

5. E. Roudinesco, *Histoire de la psychanalyse en France*, t. 2: *La Bataille de cent ans*, Seuil, 1986. [Ed. bras. *História da psicanálise na França, vol.* 2. Rio, Jorge Zahar Editor, 1988].
6. *Correspondance de Sigmund Freud avec le pasteur Pfister, op. cit.*, p. 118.
7. D. W. Winnicott, *op. cit.*, carta de 8 de maio de 1969, p. 253. O grifo é meu.
8. Modificações que se deixam coexistir, sem nenhum constrangimento, com uma mobilização indignada contra os "charlatães". A definição dos charlatães é difícil de estabelecer, pois cada tendência representa diversamente os seus.
9. Cf. P. Fédida, "Le site de l'étranger", *L'Écrit du temps*, n. 2: *Langues familières, langues étrangères*, Minuit, outono de 1982.
10. Cf., sobre esse tema, *L'Écrit du temps*, n. 8-9: *Constructions de la réalité*, Minuit, primavera de 1985, em que são comparadas as abordagens epistemológicas dessas diferentes espécies de disciplinas.
11. S. Freud, *Abrégé de psychanalyse*, PUF, 1985, p. 70. [Ed. bras.: *Esboço de Psicanálise*, E.S.B., vol. XXIII.]
12. *Ibid.*, p. 21.
13. Comunicação à Associação Psicanalítica da França, num debate sobre as relações entre diversos procedimentos científicos e a psicanálise, já citado.
14. S. Freud, *op. cit.*, p. 21.
15. S. Freud, A. Zweig, *Correspondance*, 1927-1935, Gallimard, col. "Connaissance de l'Inconscient", 1973, 16 de dezembro de 1935, p. 136.
16. Sobre esse assunto, podem-se ler as observações muito esclarecedoras de P. Fédida, comentando o artigo de J.-F. Lyotard, "Figure forclose", em

*L'Écrit du temps*, n. 5: *Questions de judaisme*, Minuit, inverno de 1984. O texto de P. Fédida se chama precisamente "O barro do pedestal", p. 140 desse número.

**17.** "*Wovon mann nicht sprechen kann, darüber muss mann schweigen.*" É a frase com que termina o *Tractatus logico-philosophicus.*

**18.** D. W. Winnicott, *op. cit.*, p. 80.

**19.** *Ibid.*, p. 40.

**20.** *Ibid.*, carta de 13 de outubro de 1959, p. 177.

**Que comunidade?**

**1.** E. Roudinesco, *Histoire de la psychanalyse en France, op. cit.* [Ed. bras. *História da psicanálise na França, vol.* 2. Rio, Jorge Zahar Editor, 1988].

**2.** A Sociedade Psicanalítica de Paris e a Associação Psicanalítica da França.

**3.** S. Freud, *Correspondance avec Lou Andreas-Salomé*, carta de 7 de julho de 1914. O grifo é meu.

**4.** S. Freud, *L'Homme Moïse et la religion monothéiste*, trad. C. Heim, Gallimard, col. "Connaissance de l'Inconscient", 1986, p. 93, nota. [Ed. bras.: *Moisés e o Monoteísmo*, E.S.B., vol. XXIII.]

**5.** D. W. Winnicott, *op. cit.*, carta de 27 de novembro de 1953, p. 94.

**6.** Que institucionalizara em três grupos internos, sem cindir-se, as suas divisões.

**7.** *Ibid.*, carta a Melanie Klein de 17 de novembro de 1952, p. 69.

**8.** Não confundir com os acontecimentos mais recentes na França. A Internacional de 1919 ainda não era exatamente uma burocracia: eram ainda indivíduos em torno de Freud.

9. *Correspondance de Sigmund Freud avec le pasteur Pfister*, p. 113.
10. D. W. Winnicott, *op. cit.*, carta de 24 de junho de 1965, p. 204.
11. Que se tornou há pouco presidente da Associação Psicanalítica Internacional.
12. G. Appy, "Psychanalyse et État. Esquisse d'une auto-aliénation insidieuse chez les psychanalystes en Allemagne de l'Ouest", in *Psychanalyse en Europe*, n. 31, outono de 1988. Sobre a situação social da psicanálise na França, há o recente e lúcido diagnóstico de J. Cournut "Psy... en tous genres", in *Revue Française de Psychanalyse*, n. 3, 1988.
13. D. W. Winnicott, *op. cit.*, carta a Joan Rivière de 3 de fevereiro de 1956, p. 143.
14. É o caso quando Freud resolve dar, da psicanálise, definições e critérios definitivos, por exemplo em artigos de enciclopédia. Ou ainda, como na citação seguinte, nos últimos meses de sua vida. Trata-se, desesperadamente, de "conservar a sua unidade no núcleo".
15. G. Orwell, *1984*, Gallimard, col. "Folio", 1950, p. 80.
16. Cf. o colóquio dedicado a essa noção pela Associação Psicanalítica da França a 12 de maio de 1984, sob o título significativo *La pulsion pour quoi faire?*, e publicado no mesmo ano por essa associação. Ali se confrontam os pontos de vista de Didier Anzieu, Roger Dorey, Jean Laplanche, Daniel Widlöcher.
17. É a escolha terminológica que já é efetuada no primeiro volume publicado na nova tradução das *Oeuvres Complètes* de Freud, sob a direção de A. Bourguignon e P. Cotet, e coordenação científica de J. Laplanche. Cf. vol. XIII: 1914-1915, PUF, 1988.

Decisão confirmada no glossário posteriormente publicado e comentado em *Traduire Freud*, por A. Bourguignon, P. Cotet, J. Laplanche e F. Robert (PUF, 1989). [Sobre as opções terminológicas que nortearam a nova tradução francesa da obra de Freud consultar os três últimos artigos do livro de A. Bourguignon, *O conceito de renegação em Freud*. Rio, Jorge Zahar Editor, 1991.]

**18.** Bourguignon, A. *et al. op. cit.*

**19.** No que se refere à questão das fantasias de origem, o texto já antigo (1964) de J. Laplanche e J.-B. Pontalis, *Fantasme originaire, fantasmes des origines, origines du fantasme*, tornou-se merecidamente um clássico. Sua reedição integra a coleção "Textes du XXe. Siècle" (Hachette, 1985). [Ed. bras. *Fantasia originária, fantasias das origens, origens da fantasia*, coleção "Transmissão da Psicanálise". Rio, Jorge Zahar Editor, 2ª ed., 1990.] Pode-se perceber no *Post-scriptum* (1985), p. 7 a 10, os indícios discretos do fato de que em relação a essa interrogação fundamental, tal como havia sido proposta no trabalho comum, escrito sob o signo do "retorno a Freud" dos anos-Lacan iniciais, os autores seguiam, a partir de então, cada qual o seu caminho.

## Infâncias

**1.** Carta de Freud a Putnam, de 13 de novembro de 1913, citada por A. de Mijolla na *Revue Internationale de Psychanalyse*, n. 1, p. 176.

**2.** As metáforas "medo da sedição" e "guerra surda" são de N. Loraux, que as utiliza a propósito da *stasis* na cidade ateniense, in "L'âme de la cité. Réflexion sur une *psyché* politique", *L'Écrit du temps*, n. 14-

15: *La Folie de l'histoire*, Minuit, verão-outono de 1987.

3. D. W. Winnicott, *op. cit.*, p. 142.
4. *Ibid.*, carta de 17 de março de 1966, p. 211.
5. *Ibid.*, carta de 27 de novembro de 1952, p. 76.
6. *Ibid.*, carta de 27 de novembro de 1952, p. 78.
7. Para essa citação e as que precedem, *ibid.*, p. 179.
8. *Ibid.*
9. S. Freud, *Abrégé de psychanalyse*, p. 63.
10. Todo o texto do qual é tirada essa frase contém uma rica reflexão muito ampla nessa direção. Cf. J. Starobinski, prefácio a E. Cassirer, *Le Problème Jean-Jacques Rousseau*, trad. M.-B. de Launay, Hachette, col. "Texas du XXe. Siècle", 1987.
11. Sobre esse tema, leia-se o belo texto verdadeiramente decisivo, nesse campo, de S. Nysenbaum, "L'offense", *L'Écrit du temps*, n.3: *Écritures de l'auto- biographie*, Minuit, primavera de 1983.
12. In "Le moi et le ça", *Essais de psychanalyse*, col. "Petite Bibliothèque Payot", 1981, p. 247-248. [Ed. Bras.: *O Ego e o Id*, E.S.B., vol. XIX.] A insistência, no pensamento de Freud, da preocupação referente à evolução da espécie e o ponto de vista filogenético, em suas incidências sobre o psíquico tal como a psicanálise o toma clinicamente e o concebe teoricamente, aparece com força num texto difícil, resumido e condensado, que devia fazer parte da *Metapsicologia* e que Freud desistiu de publicar. Recentemente reencontrado, esse texto foi editado na França sob o título *Vue d'ensemble des névroses de transfert*, Gallimard, col. "Connaissance de l'Inconscient", 1987, tradução, novas e posfácio de P. Lacoste. Este autor é um dos raros que se dedicaram de preferência a essa questão essencial, em *La Sor-*

*cière et le transfert* (Ramsay, 1987), como eu fizera, por minha vez, nos textos anteriores à descoberta do manuscrito de Freud, e retomei em *Il est arrivé quelque chose. Approches de l'événement psychique* (Ramsay, 1989).

**Tratamento de amor?**

1. D. W. Winnicott, *op. cit.*, carta de 5 de fevereiro de 1960, p. 180.
2. *Ibid.*, carta de 20 de junho de 1952, p. 65.
3. *Ibid.*, p. 66.
4. *Ibid.*, carta de 31 de julho de 1969, p. 261.
5. *Ibid.*, carta de 8 de novembro de 1956, p. 158.
6. *Ibid.*, carta a Joan Rivière de 3 de fevereiro de 1956, p. 143.
7. *Ibid.*, carta de 24 de junho de 1965, p. 206. O grifo é meu.
8. S. Ferenczi, *Journal clinique*, Payot, 1985, p. 77.
9. D. W. Winnicott, *op. cit.*, carta de 8 de maio de 1969, p. 255.
10. *Ibid.*, carta de 10 de janeiro de 1969, p. 244. O grifo é meu. Observações que vão infinitamente mais longe, tomando em consideração os funcionamentos inconscientes partilhados no tratamento, do que as referências habituais à "contratransferência", que lhe canalizam a extensão no analista, e as atenuam um tanto, reduzindo-as ao vivido bem enquadrado.
11. Serão lidas com proveito as suas reflexões sobre a noção de "inveja do pênis". *Op. cit.*, p. 141, 146, 147.
12. *Ibid.*, 23 de março de 1964.
13. Talvez seja preciso lembrar aqui que foi o próprio Freud que, em seu comentário da *Gradiva* de Jensen [Ed. bras. *Gradiva, uma fantasia pompeiana*. Rio,

Jorge Zahar Editor, 1987], qualificou de "terapia do amor" a maneira pela qual a heroína "cura" o herói. Corria o ano de 1908 e tratava-se de um romance. Depois, Freud encontrou outras realidades.

**14.** Consulte-se, para uma interrogação sobre esse tema, um número recente da *Nouvelle Revue de Psychanalyse*, que estuda *Le Mal*, NRP, n. 38, Gallimard, 1988; e principalmente, nesse número, o artigo de A. Green, "Pourquoi le mal", p. 239.

**15.** S. Freud, *Métapsychologie*, Gallimard, col. "Les Essais", 1952, p. 64. [Ed. bras.: Artigos sobre metapsicologia, E.S.B., vol. XIV.]

**16.** S. Freud, *L'Homme Moïse...*, p. 185.

**17.** S. Freud, "Considérations actuelles sur la guerre et la mort" [Ed. bras.: Reflexões para os tempos de guerra e morte, E.S.B., vol. XIV], in *Essais de psychanalyse*, col. "Petite Bibliothèque Payot", 1981, p. 35.

**18.** S. Freud, *L'Homme Moïse...*, p. 133.

**19.** S. Freud, "Considérations actuelles sur la guerre et la mort", p. 14.

**20.** S. Freud, *L'Homme Moïse...*, p. 133.

**21.** J. Lacan, *L'Ethique de la psychanalyse (Séminaire VII)*, Seuil, 1986. [Ed. bras. *O seminário*. Livro 7: *A ética da psicanálise*. Rio, Jorge Zahar Editor, 2ª ed., 1991.] Não creio que a notável reflexão de Lacan sobre esse assunto tenha tido muito mais conseqüências entre os lacanianos do que entre os outros. Mas é possível que, simplesmente, eu não as conheça. Tal é a compartimentação do campo social da psicanálise.

**22.** *Ibid.*, p. 22.

**23.** S. Freud, *Malaise dans la civilisation*, PUF, 1973, p. 74. [Ed. bras.: O mal-estar na civilização, E.S.B., vol. XXI.]

24. J. Lacan, *L'Ethique...*, p. 108.
25. S. Freud, *Nouvelles conférences d'introduction à la psychanalyse*, p. 242. [Ed. bras.: *Novas conferências introdutórias sobre psicanálise*, E.S.B., vol. XXII.]
26. J. Lacan, *L'Ethique...*
27. S. Freud, *Malaise...*, p. 68-69.
28. S. Freud, *Malaise...*, p. 68.
29. *Ibid.*
30. Sobre esse tema, mas em outro registro, leia-se a impressionante seleta de J.-F. Lyotard, *L'Inhumain*, Galilée, 1988.
31. D. W. Winnicott, *op. cit.*, carta de 11 de maio de 1950, p. 54.
32. *Ibid.*, p. 55.

**Só-depois ou o esquecimento na memória**

1. D. W. Winnicott, *op. cit.*, carta de 22 de janeiro de 1953, p. 83.
2. J. Lacan, *L'Éthique...*, p. 13.
3. Ou irrefutável, no sentido em que Popper diria que ela não é científica.
4. S. Freud, "L'hérédité et l'étiologie des névroses" (1896), in *Névrose, psychose et perversion*, PUF, 1973, p. 57. [Ed. bras.: "Hereditariedade e a etiologia das neuroses", E.S.B., vol. III.]
5. S. Freud, "Mes vues sur le rôle de la sexualité dans l'étiologie des névroses" (1905), in *Résultats, idées, problèmes, I*, PUF, 1984, p. 117. [Ed. bras.: "Meus pontos de vista sobre o papel desempenhado pela sexualidade na etiologia das neuroses", E.S.B., vol. VIII.]
6. Devo todas essas observações não apenas à leitura de Freud, mas também à releitura do audacioso texto de S. Gribinski Nysenbaum, "Longtemps l'homme a

cru que le monde en savait autant que lui'', *L'Écrit du temps*, n. 8-9: *Constructions de la réalité.*

7. S. Freud, *L'Homme Moïse...*, p. 97. O grifo é meu.
8. Mesmo sendo relegado à categoria dos ''devaneadores'', se, como faz Freud no *Moisés*, procura reconstruí-lo sob forma de ficção teórica *necessária.*
9. Sobre esse ponto, um texto muito denso suscita muita reflexão: cf. W. Granoff, ''Dans le silence des pères'', *L'Écrit du temps, n. 5: Questions de judaïsme.*
10. W. Granoff, *Filiations. L'avenir du complexe d'Oedipe.*
11. Citar incansavelmente os nossos mestres, mesmo quando já nos afastamos deles, é freqüentemente objeto de uma ironia um tanto fácil. Isso seria, dizem, o mesmo que invocar os deuses. Mas não é quando não tememos pela própria identificação que conseguimos restituir a cada um a sua identidade — e, no nosso interior, reconhecer os materiais de que somos constituídos, a própria matéria com a qual trabalhamos?

## Sobre a Autora

Marie Moscovici tornou-se psicanalista após ter trabalhado vários anos como pesquisadora, na área de sociologia, no CNRS (Centre National de la Recherche Scientifique). É membro da Associação Psicanalítica da França.

Publicou artigos em diversas revistas (*Confrontation, Nouvelle revue de psychanalyse, Le Temps de la réflexion, L'Écrit du temps*) e escreveu prefácios a duas obras de Lou Andreas-Salomé (*L'Amour du narcissisme*, Gallimard, e *Lettre ouverte à Freud*, Lieu commun) e à nova tradução do último livro de Freud, *L'Homme Moïse et la Religion monothéiste*, Gallimard.

Seu livro *Il est arrivé quelque chose. Approches de l'événement psychique* foi publicado pela editora Ramsay em 1989.

Em 1982, fundou, nas Éditions de Minuit, com Jean-Michel Rey, a revista *L'Écrit du temps* — consagrada às relações entre a psicanálise, a filosofia e a literatura — que dirigiram juntos durante seis anos.

Com Patrick Lacoste, Nicole Loraux e Jean-Michel Rey coordena atualmente um seminário de pesquisa sobre "O psíquico e o cultural", criado em 1988 na Maison des sciences de l'homme.